博士文库

本书受中央高校基本科研业务费专项资金资助

中国对外贸易及其影响的统计计量分析

——基于贸易投资一体化背景

Statistical Analysis on the Foreign
Trade in China and its Effects
—Base on Trade and Investment Integration

付韶军◎著

知识产权出版社

全国百佳图书出版单位

图书在版编目（CIP）数据

中国对外贸易及其影响的统计计量分析：基于贸易投资一体化背景/ 付韶军著.
—北京：知识产权出版社，2015.2

ISBN 978-7-5130-3125-7

Ⅰ.①中… Ⅱ.①付… Ⅲ.①对外贸易—研究—中国 Ⅳ.①F752.2

中国版本图书馆CIP数据核字（2014）第255486号

内容提要

本书基于贸易投资一体化背景对中国对外贸易及其影响进行统计计量分析，采用面板数据模型、面板协整模型和分层线性模型等统计模型来分析行业数据、区域数据和企业数据。本书可供国际贸易和国际投资相关学者参考。

责任编辑： 许　波
执行编辑： 徐家春

中国对外贸易及其影响的统计计量分析
——基于贸易投资一体化背景

ZHONGGUO DUIWAI MAOYI JIQI YINGXIANG DE TONGJI JILIANG FENXI

JIYU MAOYI TOUZI YITIHUA BEIJING

付韶军　著

出版发行：知识产权出版社 有限责任公司	网　址：http：// www.ipph.cn
电　话：010－82004826	http：// www.laichushu.com
社　址：北京市海淀区马甸南村1号	邮　编：100088
责编电话：010－82000860转8573	责编邮箱：xujiachun625@163.com
发行电话：010－82000860转8101/8029	发行传真：010－82000893/82003279
印　刷：北京中献拓方科技发展有限公司	经　销：各大网上书店、新华书店及相关专业书店
开　本：720mm×1000mm　1/16	印　张：10.5
版　次：2015年2月第1版	印　次：2015年2月第1次印刷
字　数：174千字	定　价：35.00元

ISBN 978-7-5130-3125-7

前　言

随着我国经济的发展和改革开放的深入，我国与国外的交流越来越频繁，对外贸易的规模迅速扩大，贸易品种不断增长，贸易产品的技术含量不断提高，对外贸易在国民经济中扮演的角色越来越重要。我国具有廉价的劳动力资源和巨大的产品消费市场，大量的国际资本被吸引进入我国，许多著名的跨国公司在我国建立了生产和研发基地，外商投资主要集中于我国的制造业和房地产业。我国在引进外商直接投资的同时，引进了一些新的生产技术和先进的管理理念，使我国工业制成品的技术水平在一定程度上得到了提升，成功地融入了国际产业链。

国际贸易和外商投资在给我们带来机遇和利益的同时，也使我们面临许多的冲击和挑战：国际贸易和外商投资使我国的某些传统优势产业处于非常尴尬的境地，给资源和环境带来了不利影响，加剧了我国的地区不平衡和行业不平衡。因此，在贸易投资一体化和经济全球化的大背景下，合理评估国际贸易和利用外商投资对我国区域经济、行业经济以及企业利益的影响具有非常重要的理论意义和现实意义。

本书分为三个部分。第一部分包括第1章和第2章。第1章为导论部分，分析了进行本研究的重要性及对我国的理论意义和现实意义，对研究的主要内容以及所采用的主要方法进行论述。第2章为文献综述及理论模型构建，综述了国际贸易与经济增长关系以及外商投资与国际贸易之间关系等方面的主要文献，并在已有文献的基础上构建了实证分析的理论模型。

第3、4、5章为实证研究部分，也是研究的主要部分，分别从行业、区域和企业等层面进行了实证研究，分析了国际贸易对我国经济的影响，利用外商投资对国际贸易的作用，以及在考虑外商投资的前提下国际贸易对经济的影响等方面的问题。

第3章采用面板数据模型对我国的行业数据进行了研究，首先通过建立行业固定效应模型分析了出口对制造业行业经济的影响，发现出口贸易对我国制造业各行业产生了积极的推动作用，出口每增长1个单位，工业总产值将增加0.53个单位，但这种促进作用在不同行业之间存在一定的差异，处于优势地位的行业大部分为劳动密集型行业和资源型行业，技术密集型行业和资本密集型行业仍处于劣势地位。随后建立了行业固定效应模型分析制造业各行业外商直接投资与制造业各行业出口的关系，发现外商直接投资是影响行业出口的重要因素之一，港澳台资本和外商资本的进入推动了我国制造业各行业的出口的发展，并通过国际贸易进一步带动了制造业各行业的发展，但不同行业间存在一定差异。

第4章采用面板协整模型对我国的区域数据进行了研究，研究了我国的东部地区、中部地区和西部地区的进出口贸易、外商直接投资与各地区经济增长之间的关系。通过面板单位根检验和面板协整检验，发现三大地区的各变量之间存在面板协整关系，然后建立了FMOLS面板协整估计模型，发现三大地区的进出口贸易和利用外资都对经济增长起到了一定的促进作用。并且三大地区之间存在较大的差异，进出口贸易和利用外资对西部地区和中部地区的拉动作用要高于对东部地区的拉动作用。随后对出现这种现象的原因进行了初步探讨。

第5章采用分层线性模型对我国的企业数据进行了研究，发现国际贸易对我国工业经济的发展产生了较大的影响。利用外商投资的发展推动了国际贸易的发展，进而对经济增长产生了影响。首先分析了不同行业的企业贸易对行业经济的影响，发现出口、资本（资产总计）和劳动力对行业经济产生了积极的推动作用，带动了行业经济的发展，其中，资本（资产总计）对行业经济的影响最为明显；其次是出口对行业经济的拉动作用；再次是劳动力对行业经济的带动作用。贸易对经济的影响在不同行业之间存在较大差异，出口对行业经济的拉动作用在外资比例高的企业更为重要。随后利用分层线性模型分析了利用外商投资对行业出口的影响，发现外商直接投资对行业出口产生了积极的促进作用，促进了行业出口的发展，并通过行业出口进而带动了行业经济的发展，但不同行业之间存在一定的差异。行业类型对行业出口也产生了一定影响，外商直接投资对出口的拉动作用在外商投资比例高的企业中所起的作用更为重要。接下来采用分层线性模型分析了不同区域的企业贸易对区域经济的影响，发现资本（资产总计）、出口和劳动力都对区域经济的发展产生了积极的推动作用，资本（资产总计）对区域经济的影响最为明显；其次是出口对区域经济的拉动作用；再次是劳动力对区域经济的带动作用。区域差异与出口的交互作用项系数为正值，说明东部地区相对于中西部地区来说更能发挥地理位置优势。贸易对经济的影响在不同省市、自治区之间存在较大差异。最后采用分层线性模型分析了外商投资对区域出口的影响，发现外商直接投资对区域出口产生积极的推动作用，利用外资带动了区域出口的发展，但不同省市、自治区之间存在一定的差异，区域差异与外商直接投资的交互作用的系数为正值，说明区域差异对外商直接投资也产生了一定影响，东部地区相比中西部地区来说更能发挥区域优势。

第6章分析了我国对外贸易和利用外商投资方面所存在的问题，并对出现这些问题的原因进行了初步探讨，最后在其基础上提出了我国发展对外贸易和利用外商投资方面的政策建议：继续坚持对外开放政策，积极应对贸易争端，提高利用外商投资的质量，加强对相关弱势产业的保护力度，逐步缩小我国的区域差异，加快产业结构调整步伐。

目 录

第1章

导 论

1.1　研究背景

　　随着我国经济社会的发展和改革开放的深入，我国与国外的交流越来越频繁，对外贸易的规模迅速扩大。在改革开放初期的 1978 年，我国的进出口总额只有 206 亿美元，世界排名为第 32 位，出口的世界排名为第 34 位，当时的外汇储备仅为 1.67 亿美元。经过 30 多年的改革开放，2009 年我国超越德国成为世界第一大出口国，到 2013 年我国的外汇储备达到 38213.15 亿美元，进出口总额达到 40781 亿美元（其中，出口 22190 亿美元，进口 18591 亿美元）。对外贸易的产品品种不断扩大，产品的技术含量不断提高，对外贸易在国民经济中扮演的角色越来越重要，对外贸易在我国经济中的比重不断提高，我国的外贸依存度逐年升高，到 2006 年我国外贸依存度达到历史最高值 65.17%，受金融危机的影响，外贸依存度有所下降，但仍在 50% 左右。在对外贸易迅速发展的过程中，我国审时度势抓住时机，顺应国际分工的新趋势——由产品分工向要素分工转变，逐步参与并融入到国际分工和贸易体系当中，成为世界经济发展中一支不可或缺的力量。

　　要素分工的实质是跨国公司在全球范围内进行资源的整合与利用。我国具有丰富的劳动力资源和巨大的产品销售市场，许多著名的跨国公司在我国建立了生产和研发基地，大量的国际资本被吸引进入我国，并且保持以很高的速度增长。在改革开放初期的 1983 年，我国实际利用外资额仅为 19.17 亿美元，到 2013 年，我国实际利用外商直接投资额达到 1176 亿美元，外商投资的行业分布具有很强的集中性，大多集中于我国的制造业和房地产业。外商直接投资的大量引进，尤其是投资于制造业的外商直接投资，引进了新的生产技术设备和先进的管理理念，使我国工业制成品的生产技术水平在一定程度上得到了提升，使我国的制造业成功地融入了国际产业链。外商投资建立了一批外向型企业，经营以加工贸易为主，促进了我国加工贸易的快速发展，自 2001 年开始，外商投资企业的进出口占到全部进出口的半壁江山。外商投资的进入对我国对外贸易产生了深远的影响，我国正逐步实现贸易和投资一体化。外商直接投资的大量引进，给我国技术

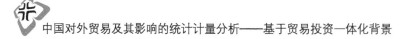

升级和管理经验的提升带来了福音，对我国的产业结构升级产生了深远的影响，并在一定程度上加速了我国的新型工业化进程。

所谓贸易投资一体化就是国际贸易和国际直接投资两者之间既相互影响又相互依赖，贸易流和投资流的一致性程度很高，两者同步发展，国际贸易和国际直接投资融合性很强，通过跨国公司的形式合为一体，两者之间互补共存，共同发展。在贸易投资一体化的过程中形成了以跨国公司为主导、以要素分工为主要特点的新国际分工体系。贸易投资一体化的发展，使跨国公司可以在全球范围内进行资源配置和全球化的生产经营，形成国际生产的价值链。投资的目的是实现分工收益，分工收益的实现需要通过国际贸易来实现，国际贸易是实现手段。

经济全球化和一体化浪潮是世界经济的大趋势，我国有效地利用了经济全球化的有利时机，大力发展外向型经济，使我国东南沿海的经济实现了腾飞，经济实力得到了提升。在对外贸易的发展过程中，我国的贸易格局发生了显著变化。目前，形成了加工贸易在我国的对外贸易中占据重要地位、大规模吸引外商投资的格局。跨国公司在我国投资的主要行业目前仍以制造业和房地产业为主，但随着加入WTO时约定的服务业保护期即将到期，国际资本会逐渐向我国的服务业进行转移。在此过程中我国逐步从以比较优势为主的国际贸易转向以生产要素参与国际分工为主，跨国公司对我国的投资呈现了规模化和连锁化的特点，从以比较优势为基础转向以竞争优势提升为核心的经贸战略。

事物总是具有两面性，国际贸易和外商直接投资给我们带来机遇和利益的同时，也使我们面临许多的冲击和挑战：首先，国际贸易和外商直接投资使得我国的某些传统优势产业处于非常尴尬的境地，比如，由于大豆的大量进口和外商投资对大豆产业链的垄断控制，我国的大豆产业已经处于崩溃的边缘；其次，国际贸易和外商直接投资的发展给资源、生态环境带来了不利影响，因为吸引的外商直接投资中相当大一部分投资于高能耗、高污染行业，给我国的环境和资源承载力带来很大压力；再次，国际贸易和外商直接投资加剧了我国的区域不平衡和行业不平衡，由于国际贸易和外商直接投资存在明显的地域差异、行业差异，并且不同地域或不同行业的获益能力存在很大差距，从而加剧了地区不平衡和行业不平衡等等。

因此，在经济全球化的大背景下，在国际产业新布局逐渐形成以及国际金融危机冲击的形势下，合理评估国际贸易和利用外商投资对我国区域经济、行业经济以及企业利益的影响非常必要。这样不仅可以对以往所采取的外贸政策得失加以评价，而且能为新的外贸政策制定提供一定的理论和实证基础，具有非常重要的理论意义和现实意义。

关于国际贸易和利用外商投资对经济的影响以及利用外商投资对国际贸易的影响，仁者见仁、智者见智，没有一致的观点和看法。许多的实证研究由于采用的数据和方法不同，得出的结论也存在着很大的差异。对于我国这样一个幅员辽阔的大国来说，存在着一定的地理位置、政策和行业性质的差异，国际贸易和外商投资的区域分布、行业分布很不平衡，国际贸易和外商投资对经济产生的影响存在明显的区域差异、行业差异。对于微观企业来说，由于股权结构存在着差异，尤其是外商投资所占的比例存在着差异，国际贸易对企业经济效益的影响也存在很大差异。因此，从宏观、中观和微观三个层面来进行研究非常必要。

1.2 研究内容和研究方法

1.2.1 研究内容

本书将根据我国的对外贸易和利用外商投资的实际，对相关的国际贸易和外商投资的理论问题进一步进行验证，从宏观、中观和微观三个角度，在贸易投资一体化大背景下，考察国际贸易对我国经济的影响，包括考察国际贸易对经济的促进作用，国际贸易对区域经济影响作用的差异性，国际贸易对行业经济影响的差异性以及从企业层面来考察贸易对不同行业、不同企业性质以及不同地域的企业经济效益影响的差异性，深入挖掘地域差异和行业差异产生的原因，并提出相应的建议和对策，以求为相关政策的制定和执行提供一定的依据。

1.2.2 研究方法和创新点

本书采用的研究方法主要包括以下几种：

1）定性研究与定量研究相结合：本书主要采用定量研究，但定量研究是在定性研究的基础上进行的。

2）数理经济学推导：对所涉及的经济学模型进行一定的数理推导。

3）面板数据模型：通过模型检验和模型选择，构建了行业固定效应模型，对我国的行业数据进行了研究和分析。

4）面板协整模型：通过面板单位根检验、面板协整检验以及FMOLS面板协整估计，对我国的区域数据进行了实证研究。

5）分层线性模型：对微观企业数据采用分层线性模型进行研究和分析，分析企业出口对企业经济效益的影响、外商直接投资对企业出口的影响及外商直接投资对企业经济效益的间接影响。

本书的创新点：

1）从宏观、中观和微观三个角度相结合进行研究，避免单独角度的局限性。

宏观、中观和微观三个角度各有所长，同时也各有所短，每种角度都有其局限性，如果单独从一个角度进行研究就会拘泥于一个方面而忽略其他方面。将三个角度相结合进行研究，既可以从宏观上把握大局，又可以深入实际，得出比较合理的结论。

2）将普通面板数据模型和面板协整模型应用于国际贸易和外商直接投资问题研究。

以往对国际贸易和外商直接投资问题的研究大多采用时间序列方法，时间序列方法往往要求序列的时期较长，但由于数据的局限性，往往面临自由度不足的问题，面板数据模型可以有效地克服这种局限性。面板协整模型更是考虑到了数据的不平稳性的影响，采用面板协整模型既可以克服时间序列方法的自由度不足问题，又可以防止出现伪回归的错误，得出的结论更为合理。

3）将分层线性模型应用于国际贸易和外商直接投资问题的研究。

将分层线性模型应用于国际贸易和外商直接投资问题的研究当中，可以有效防止传统分析方法在处理多层数据时所面临的局限性，得出更为合理的结论和建议。

4）在考虑外商投资影响的情况下考察对外贸易对经济的影响。

由于外商投资的进入，我国的对外贸易及其对我国经济的影响产生了新的特点，以往的分析和研究大多单独考虑对外贸易对经济的影响，或是单独考虑外商直接投资对经济的影响，忽略了贸易投资一体化的趋势，本书在考虑外商投资影响的情况下考察对外贸易对经济的影响，得出的结论更为合理。

本书的逻辑联系如图1-1所示。

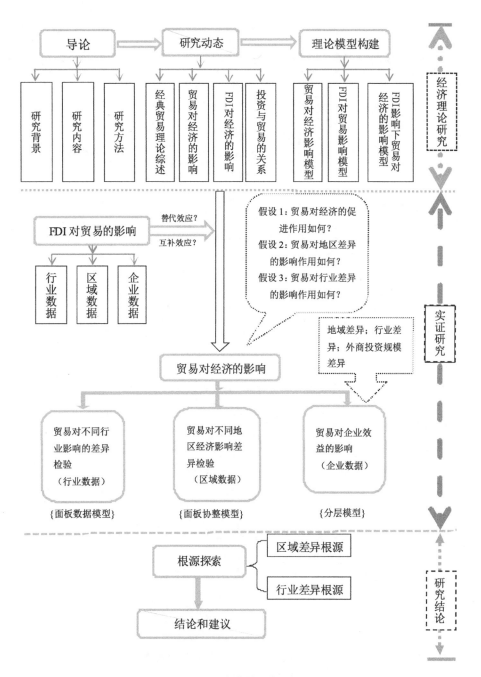

图1-1 本书的逻辑联系

第 2 章

研究动态及理论模型构建

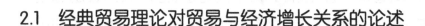

2.1 经典贸易理论对贸易与经济增长关系的论述

国际贸易的发展是否能够推动经济发展和社会进步？如果能推动经济发展，能在多大程度上推动经济的发展？自古以来就是经济学家关注的重要问题，无论是古典贸易理论、新古典贸易理论还是当代贸易理论都对此问题进行了一定的分析和阐述，并提出了相应的观点。古典贸易理论的论述当中比较有影响的是亚当·斯密的绝对优势理论和大卫·李嘉图的比较优势理论。古典经济学是古典贸易理论的基础，古典贸易理论建立在"劳动价值论"的基础之上，将劳动看成是价值创造和生产成本存在差异的唯一决定因素。

古典贸易理论是出现较早的贸易理论之一，古典经济学家用古典贸易理论探讨了国际贸易和经济增长之间的关系。早在18世纪，经济学家便开始了对此问题的理论探索。首先是英国经济学家亚当·斯密❶（Adam Smith，1776），他在《国富论》中最先提出了绝对优势理论，并提出了动态生产率理论和"剩余产品出口"模型。他认为劳动生产率和生产成本的绝对差别是国际贸易和国际分工的基础，导致了国际贸易的产生。绝对生产成本比其他国家低的产品是出口的主要对象产品，而绝对生产成本比其他国家高的产品是进口的主要对象产品，出口生产成本低的产品会赚钱，进口生产成本高的产品会省钱。国际贸易的开展使得双方都能从国际分工和产品交换当中获得相应的经济利益，推动经济的增长和社会的发展。绝对优势理论在一定程度上解释了国际贸易的产生和利益分配，对以后的理论发展产生了重要的影响。但这种理论存在很大的局限性，因为有些国家属于发达国家，在各种产品的生产上都具有一定的绝对优势，而另外的一些落后国家则不具备任何的绝对优势，但这两种国家之间仍然开展国际贸易活动，并对这两种国家的经济发展都产生了积极作用，这是绝对优势理论所无法解释的。

大卫·李嘉图❷（David Ricardo，1817）是继亚当·斯密之后非常有影响的经济学家，他在亚当·斯密的绝对优势理论基础上进行了拓展，提出了比较优势

❶ 亚当·斯密.国富论[M].唐日松，译.北京：华夏出版社，2005.

❷ 大卫·李嘉图.政治经济学及赋税原理[M].丰俊功，译.北京：光明日报出版社，2009.

理论（比较成本理论）。李嘉图放松了斯密绝对优势理论的局限，认为只要各国在劳动生产率方面存在着相对差异，那么各国的生产成本和产品价格便会出现相对差异，由此不同国家的产品便会产生比较优势，具有比较优势的产品是出口的主要对象，相应地具有比较劣势的产品是进口的主要对象，通过产品交换和国际分工来实现资源的优化配置，从而推动经济社会的发展和进步。李嘉图还详细地论证和分析了贸易静态利益的基础，李嘉图的贸易理论当中也包含了国际贸易带动经济增长的思想，他认为不同国家之间可以通过国际贸易获得相应的贸易利益，推动经济和社会的发展。此后，约翰·斯图亚特·穆勒❶（John Stuart Mill）对亚当·斯密和大卫·李嘉图的观点继续加以推广和完善，最先明确地将通过开展国际贸易获得的利益分为贸易利益和发展利益。他认为贸易存在两种利益：一种是直接利益，主要是通过国际分工实现全球资源的优化配置以及通过国际贸易来调剂产品余缺；另一种是间接利益，主要是通过国际贸易分工来提高生产技术水平，实现技术改进和技术升级。

古典国际贸易理论的理论基础是古典经济学，建立在"劳动价值论"基础之上，以现代眼光来看存在一定的局限。古典贸易理论只是简单地将劳动生产率存在差异的根源归因于生产技术水平的差异，这是不符合现实情况的。随着资本主义的发展，资本成为越来越重要的一种生产要素，古典贸易理论的单要素假设不再有效，对实际问题的解释存在挑战，不断引起经济学家的质疑。新古典经济学派在这一时期逐渐形成，新古典经济学家针对古典贸易理论的种种不足和局限性，进行了一系列的修正和扩展，推动了新古典贸易理论的产生。

赫克歇尔❷（Eli F Heckscher, 1919）和俄林❸（Bertil Ohilin, 1933）是两个在新古典国际贸易理论方面做出重要贡献的经济学家。他们针对斯密和李嘉图贸易模型的局限性，提出了"要素禀赋"理论，又被称为赫克歇尔-俄林模型（H-O模型）。他们认为，除了存在技术差异的原因之外，各国的生产要素禀赋存在着差异以及在产品生产过程中各国的生产要素使用比例存在着差异，这也是决定各

❶ 许心礼,等.西方国际贸易新理论[M].上海:复旦大学出版社,1989.

❷ Heckscher Eli F. The effect of foreign trade on the distribution of income[J].Ekonomisk Tidskrift, 1919.

❸ Ohilin Bertil . 区际贸易与国际贸易[M].逯宇铎,译.北京:华夏出版社,2008.

国不同产品存在比较优势的重要因素。生产要素禀赋不同的国家进出口产品存在着明显的差异。劳动力充裕的国家在劳动密集型产品上存在比较优势，在资本密集型产品上存在比较劣势，他们往往生产并出口劳动密集型产品，进口资本密集型的产品。而资本充裕的国家在资本密集型产品上具有比较优势，在劳动密集型产品上具有比较劣势，他们往往生产并出口资本密集型产品，进口劳动密集型产品。各国通过开展国际贸易，不同国家均可得到一定的贸易利益，从而推动经济的发展和进步。赫克歇尔-俄林模型成为工业革命后解释国际贸易产生原因的重要理论之一。

赫克歇尔和俄林的资源禀赋模型的提出引起了许多学者的关注。新古典贸易理论的另一代表人物是保罗·萨缪尔森❶（Paul A. Samuelson, 1948, 1953），他研究了国际贸易对各国收入差距产生的影响，采用数学方法演绎了资源禀赋模型（H-O 模型）并进行了扩展，提出了"生产要素价格均等化定理"，又称为"赫克歇尔-俄林-萨缪尔森定理"（H-O-S 模型），他认为各国之间开展国际贸易活动会导致不同国家的生产要素价格最终趋于一致。H-O-S 模型的提出有效地解释了一些经济现象，比如，改革开放政策实施和越来越紧密的经贸往来使得中美两国某些行业的工人收入差距不断缩小，亚洲"四小龙"的发展历程也符合这种特征等。但同时也存在一些不能解释的经济现象，比如在某些领域和某些国家，生产要素价格存在扩大的趋势。

H-O-S 模型对国际贸易理论产生了深远的影响，引起了许多学者的关注，不少学者采用实证研究的方式进行验证，比较有名的是沃西里·里昂惕夫❷（Wassily W.Leontief ,1953,1956）的检验，他通过对美国进出口的研究，发现美国进出口的产品结构与 H-O-S 模型得出的结论相悖，称为"里昂惕夫之谜"或是

---

❶ Samuelson Paul A. International Trade and the Equalisation of Factor Prices[J]. The Economic Journal, 1948.

　Samuelson Paul A. Prices of Factors and Good in General Equilibrium[J]. The Review of Economic Studies, 1953.

❷ Leontief Wassily W. Domestic Production and Foreign Trade: The American Capital Position Re-Examined [J]. Proceedings of the American Philosophical Society , 1953.

　Leontief Wassily W. Factor Proportions and the Structure of American Trade: Further Theoretical and Empirical Analysis[J].The Review of Economics and Statistics, 1956.

"里昂惕夫悖论"，引发了对赫克歇尔–俄林模型的持续争论。里昂惕夫的观点是对原有国际贸易理论的严峻挑战，为解释里昂惕夫悖论，许多经济学家从不同角度进行探讨并提出了多种说法，其中比较有代表性的观点主要有：劳动熟练说（Wassily Leontief, D.Bkeesing）、人力资本说（P.B.Kennen）、产品周期说（Raymond Vernon, L.T.Wells）、需求偏好相似说（Staffan Burenstam Linder）、技术差距说（M.U.Posner, W.Gruber, Raymond Vernon）、产业内贸易说（H.G.Grube）以及要素密集反向论等，但迄今为止，仍然没有找到一个能够被广大经济学家所普遍接受的解释或说法，这种探索过程在一定程度上促进了新国际贸易理论的产生。

古典贸易理论和新古典贸易理论都是以比较优势为基础的，认为各国之间开展的贸易主要应该是不同产品之间的贸易（产业间贸易），认为应该是发展水平不同的国家之间的贸易（发达国家与发展中国家的贸易）占据主要地位。但是第二次世界大战后，国际贸易领域不断出现传统贸易理论无法解释的新现象和新问题，产业内贸易大行其事，发达的工业国家之间的贸易量大大增加，国际产业领先地位不断在不同国家间发生转移。古典贸易理论和新古典贸易理论都是建立在产品市场是完全竞争的以及产品的规模报酬不变的假定之上，但在实际经济生活当中，完全竞争仅仅是一种理想状态，一般情况下都会存在不完全竞争。到了工业化时代以后，许多产品的生产都具有规模报酬递增的特征，即存在着"规模经济"。

规模经济按性质可以分为内部规模经济和外部规模经济：内部规模经济主要来源于企业生产规模的扩大，外部规模经济主要来源于行业内企业数量的增加所引起的产业规模的扩大。规模经济理论的提出可以在一定程度上解释发达工业国家贸易大大增加的现象，对规模经济理论做出重要贡献的经济学家是 Murray C. Kemp 和保罗·克鲁格曼。Murray C.Kemp❶（1962，1969，1995）在1964年提出了坎姆模型，用于分析外部规模经济导致国际贸易发生的原因，从而解释了"北

---

❶ Kemp M C. The gains from international trade[J].Economic Journal, 1962.

　Kemp M C. The gains from free trade[J]. International Economic Review, 1972.

　Kemp M C. The Gains from Trade and the Gains from Aid[M]. London：Routledge, 1995.

北贸易"的现象。保罗·克鲁格曼❶（Paul P.Krugman，1985）是第一个同时利用规模经济理论和不完全竞争理论来进行国际贸易分析并建立起理论模型的经济学家，他建立了简单并且有效的规模经济和垄断竞争贸易模型。他首先假设企业具有内部规模经济，市场结构也不再是完全竞争市场，而是垄断竞争市场。在这两个假设前提下，他建立了独特的PP-ZZ模型，并引入国际贸易，他认为对于垄断竞争企业来说，企业可以通过国际贸易来扩大市场和扩大产品生产规模，进而获得规模经济，对于消费者来说，消费者对某种产品的消费量会有所减少，但消费品的种类大大增加，从而增加了消费者福利。因此，他提出除了技术差异和要素禀赋差异导致产品成本价格差异外，通过扩大市场获得规模经济也是企业出口的重要动力。这一理论有效地解释了发达工业国家之间的贸易和产业内贸易的重要原因。

针对贸易模式动态变动以及某些产品的领先地位不断发生转移的现象，雷蒙德·弗农❷（Raymond Vernon，1966）分析了产品生产技术的变化过程以及生产技术变化对贸易格局产生的影响，在此基础上提出了"产品周期"学说，他认为一个产品的生产技术发展大致包括三个阶段：新产品阶段、成熟阶段和标准化阶段。在第一个阶段，产品的生产技术处于发明创新阶段，由于发达资本主义国家具有雄厚的科技实力，新产品大都首先出现在少数发达资本主义国家，他们掌握新产品生产的比较优势，此阶段新产品属于知识密集型产品。到第二个阶段产品的生产技术开始变得成熟，大批量生产成为主要的目标，机器设备和先进的劳动技能成为重要的资源，此阶段产品由知识密集型变为技能密集型或资本密集型，资本和熟练工人充裕的国家开始拥有该产品的比较优势，从而取代生产技术发明国成为主要的生产和出口国。到了第三个阶段，产品的生产技术已完成生命周期，生产已经实现标准化，生产的操作变得简单，机器成本也开始下降，劳动力成本成为决定产品比较优势的主要因素，此阶段生产技术的发明国既丧失了技术

---

❶ Helpman E, Krugman PR, Krugman Paul P. Market structure and foreign trade[M]. Cambridge : MIT press, 1985.

❷ Vernon Raymond. International Investment and International Trade in the Product Cycle[J].Quarterly Journal of Economics, 1966.

上的比较优势，又缺乏生产要素配置的比较优势，不得不开始进口该产品，而发展中国家具有丰富而廉价的劳动力资源开始逐渐占据优势地位。

规模经济理论和产品周期学说都是从产品的生产和供给的角度来进行研究，试图解释产业内贸易和发达工业国家之间开展国际贸易活动的原因。还可以从消费需求的角度来对这个问题进行研究，经济学家林德❶（Staffan Burenstam Linder，1961）从消费者需求的角度对产业内贸易进行了分析，提出了需求变动理论。他认为人均收入水平和消费者的消费偏好越相似的国家，开展的国际贸易往来也将会越频繁。林德的理论在一定程度上解释了"产业内贸易"原因，也是对发达工业国家之间贸易（"北北贸易"）大行其道的有力解释。

比较优势理论是一种静态研究的理论，缺乏动态分析的眼光，存在一定的不足之处。迈克尔·波特❷（Michel E. Porter，1980，1985，1990）在以往国际贸易理论的基础上，以不完全竞争为理论前提，从参与国际竞争的角度来进行研究，提出了国家竞争优势理论。波特认为一个国家的竞争优势主要取决于内部要素和外部要素，构造了国家竞争优势模型（又称为钻石模型）。内部要素包括：生产要素、需求状况、相关和支持产业、企业战略和组织结构。外部要素包括：随机事件和政府。波特认为产业创新和产业升级的能力在贸易优势当中发挥了重要作用。在波特的模型当中，产业创新能力和产业结构升级的能力发挥着很大的作用。

2.2 研究动态综述

2.2.1 关于国际贸易与经济增长的关系研究

国际贸易与经济增长之间存在什么关系历来受经济学家关注，自"重商主义"时代开始便有经济学家对此问题进行研究，并引发了广泛的争论，不同学者

---

❶ Linder Staffan Burenstam. An essay on trade and transformation[M]. Stockholm: Almqvist & Wicksell, 1961.

❷ 迈克尔·波特.竞争战略[M].陈小悦，译.北京：华夏出版社，2005.

迈克尔·波特.竞争优势[M].陈小悦，译.北京：华夏出版社，2006.

迈克尔·波特.国家竞争优势[M].李明轩，邱如美，译.北京：华夏出版社，2002.

提出来不同的观点，主要包括以下几种：贸易促进论观点、贸易阻碍论观点和贸易折中论观点。下面将对这三种观点分别加以阐述。

1.贸易促进论观点

20世纪30年代，罗伯特逊❶（D.H. Robertson）提出了著名的"对外贸易是经济增长发动机"命题，这是典型的贸易促进论观点，他认为落后国家可以通过与国外开展国际贸易来带动国内的经济增长。纳克斯❷（Ragnar Nurkse，1953）对罗伯特逊的观点进行了一定的补充和发展。他在分析了19世纪的英国与新殖民地区国家的发展原因后，认为以发达工业国家为代表的中心国家的经济迅速发展，促使这些国家对初级产品的需求不断扩大，继而促进了国际贸易的大发展，这些中心国家的经济进步通过国际贸易传递到外围的（主要是以发展中国家为代表）新兴国家去，这些外围新兴国家成为了国际分工格局的获益者，从而带动了新兴国家的经济发展。

在经济发展过程中，许多发展中国家选择了出口导向型的发展模式，将出口作为拉动经济增长的重要方式，对于这种出口导向的经济增长模式，经济学家认为出口扩张对经济增长起了很大推动作用，这是一种宏观动态的观点。对于经济增长的驱动方式，存在两种观点。一种是"需求驱动型"的观点，主要以纳克斯（Ragnar Nurkse，1953）和刘易斯（W. Arthur Lewis）为代表。纳克斯认为发展中国家开展对外贸易可以在一定程度上使发展中国家摆脱"贫困恶性循环"。刘易斯从需求方面展开研究，提出了与罗伯特逊观点类似的国际贸易是经济增长的发动机的论点。另一种是"供给驱动型"的观点，主要代表是科登❸（W. Max Corden，1974），他将贸易与宏观经济变量相结合，分析了国际贸易对经济产生的五个方面的影响，包括收入效应、资本积累效应、替代效应、收入分配效应和要素加权效应。他提出了国际贸易对经济增长率影响的相关理论，对后人的分析提供了方向，具有一定的借鉴意义。

---

❶ 罗伯特·逊.国际贸易的未来[R].国际贸易论文集,1949.

❷ 纳克斯.不发达国家的资本形成问题[M].北京:商务印书馆,1966.

❸ Corden W. Max. Trade Policy and Economic Welfare[M]. Oxford University Press, 1974.

乘数概念最早由卡恩❶（R. F. Kahn，1931）提出，后来经凯恩斯（John May-
nard Keynes，1936）扩展为"投资乘数"，并在《就业、利息和货币通论》❷里进
行了详细论述，他认为国内投资的增加可以起到加倍扩大国民收入的作用（一般
认为乘数大于1），投资乘数理论是凯恩斯宏观经济理论体系中的重要组成部
分。哈罗德❸（Roy Forbes Harrod，1933）将凯恩斯的乘数理论应用到了国际贸易
的研究当中，提出了"贸易乘数"的概念。马克卢普❹（F Machlup，1943）也提
出了与哈罗德类似的"贸易乘数"理论。哈罗德和马克卢普认为，出口所起的作
用与国内投资类似，进口所起的作用与国内储蓄相似，贸易顺差的变化可以引起
国民收入的成倍变化，即贸易乘数大于1。贸易乘数理论在一定程度上支持了罗
伯特逊和刘易斯提出的贸易发动机观点。20世纪50年代，A.C. Harburger和L.A.
Metgerler进一步将贸易乘数理论推广运用到对开放经济的研究当中，用来分析贸
易收支与国民收入的关系，称为乘数分析法。乘数分析法是分析国际收支与国际
贸易关系的一种重要分析方法。A.P. Thirlwall❺（1995）将对外贸易乘数进一步进
行了扩展，提出了对外贸易乘数扩展模型。

保罗·克鲁格曼❻的"新贸易"理论从动态变化的角度研究了国际贸易与经
济增长的关系，得出了支持贸易促进论的观点。罗默❼（Paul M. Romer，1986，
1990）提出了内生经济增长思想，以往经济理论大都认为经济增长是由外部因素
决定的，罗默的内生经济增长思想认为经济增长是由模型的内生变量所决定的，
并摈弃了传统的规模收益递减的假设。他将技术内生化作为出发点，强调创新和
知识在经济发展中的重要作用，认为国际贸易和国际投资有利于新知识、新技术
的扩散和传播，进而提高总产出水平，加速经济发展。

---

❶ Kahn R. F. The Relation of Home Investment to Unemployment[J]. The Economic Journal, 1931.

❷ 凯恩斯. 就业、利息和货币通论[M].宋韵声，译.北京：华夏出版社，2005.

❸ Harrod R. F. International economics[M]. Cambridge University Press, 1933.

❹ Machlup F. International Trade and the National Income Multiplier[M]. The Blakiston company , 1943.

❺ Thirlwall A. P. The Economics of Growth and Development[M]. Edward Elgar Publishing Limited, 1995.

❻ Helpman E, Krugman P. R , Krugman Paul P. Market structure and foreign trade[M]. Cambridge : MIT press ,
1985.

❼ Romer Paul M. Increasing Returns and Long-Run Growth[J]. The Journal of Political Economy, 1986.
Romer Paul M. Endogenous Technological Change[J]. The Journal of Political Economy, 1990.

保罗·克鲁格曼（Paul P.Krugman，1987）和卢卡斯[1]（Lucas，1988）对技术溢出问题进行了深入的研究，他们认为生产率提高的核心因素之一是技术变动，并构造了技术变动的内生化模型，用来研究国际贸易与技术进步以及国际贸易与经济增长的关系。他们认为技术变动主要来自两个方面：一个方面是"干中学"（Learning by Doing），是被动的方面；另一个是技术革新（Innovation），是主动的方面。国际贸易的开展会通过技术外溢和外部刺激来促进技术发生变动，提高劳动生产率，进而促进经济的发展和社会的进步。

2.贸易阻碍论观点

与前述的贸易促进论观点不同，也有为数不少的经济学家对贸易促进论观点表示质疑，认为国际贸易不能对经济增长产生促进作用，相反还会对经济发展造成障碍。他们主要是根据对一些国家（主要是发展中国家）进行分析所得出的结论，认为自由贸易对某些国家（尤其是某些发展中国家）的经济发展是不利的，提出了一些贸易阻碍论的观点和看法，主要包括"中心－外围"说、"贫困化增长"等。

劳尔·普利维什[2](Raul Prebisch，1950)提出了"中心－外围"说，可以用来解释对外贸易的开展使得发展中国家逐渐呈现贫困化的机制。他认为国家可以分为两种类型：中心国家和外围国家，中心国家主要由发达工业国家组成，外围国家主要由发展中国家构成。在国际分工中，发达工业国家主要生产和出口工业制成品，而发展中国家则主要生产初级产品。在这个分工体系当中，中心国家相对处于主导、独立的地位，在国际贸易中起支配作用。而外围国家则相对处于从属、依赖的地位，并没有获得与发达工业国家相当的贸易收益，而是贸易条件不断恶化，这种不平等关系阻碍了发展中国家的经济发展。

"贫困化增长"的最初思想是由埃奇沃斯[3]（F. Y. Edgeworth，1894）提出的，劳尔·普利维什 (Raul Prebisch，1950)和辛格[4]（Hans Wolfgang Singer，

---

[1] Lucas R. E. Jr. On the mechanics of economic development[J]. Journal of monetary economics, 1988.

[2] Prebisch Raul. The economic development of Latin America and its principal problems. UN document, 1950.

[3] Edgeworth F. Y. Theory of International Values[J]. The Economic Journal, 1894.

[4] Singer H. W. The Distribution of Gains between Investing and Borrowing Countries[J].The American Economic Review, 1950.

1950）系统地提出了"贫困化增长"的思想，他们认为发展中国家的贸易条件在长期内将会出现恶化的趋势。巴格瓦蒂[1]（Bhagwati，1958）将贸易条件与经济增长联系起来进行考虑，认为发展中国家的贸易结构为主要出口初级产品、进口工业制成品，但由于初级产品的需求弹性比较小，初级产品的大量出口有可能造成本国贸易条件趋于恶化，从而减少国家的福利，即出口的增长实际上使得收入下降。他将其称为"恶性增长"或"悲惨的增长"。彼得·林德特[2]（1991）对贫困化增长的三个前提进行了归纳和总结。

3.贸易折中论观点

除了贸易促进论观点和贸易阻碍论观点，还有部分学者认为贸易对经济增长的影响作用并不明显。Kravis[3]（1970）通过对19—20世纪发展中国家的分析和研究，提出了贸易折中论的观点，认为贸易是经济增长发动机的观点对于20世纪的发展中国家来说并不适用。经济增长主要是由内部因素引起的，像国际贸易这样的外部需求仅能起到一定的辅助作用，并且这种辅助作用随时间和地域不断发生变化。他们认为国际贸易对于经济增长来说既非充分条件又非必要条件，贸易仅仅是经济增长的侍女，而并非像罗伯特逊所指出的贸易是经济增长的发动机，国际贸易所起的作用更为重要的是体现在保持价格和成本结构的外界联系上。

N. F. R. Crafts[4]（1973）从另外一种视角对贸易是经济增长侍女的观点进行了论述，他是在对Kravis文章批判研究基础上得出上述结论的。James Riedel[5]（1984）从分析1979年诺贝尔经济学奖获得者W. Arthur Lewis[6] (1980)的观点入手，分析了贸易促进论观点和贸易阻碍论观点的不足之处及其政策实施所带来的问题，认为Kravis的贸易折中论是比较合理的。

[1] Bhagwati J. Immiserizing Growth: A Geometric Note[J]. Review of Economic Studies, 1958.

[2] 彼得·林德特.国际经济学[M].北京:经济科学出版社,1992.

[3] Kravis Irving B. Trade as a Handmaiden of Growth: Similarities Between the Nineteenth and Twentieth Centuries[J]. The Economic Journal, 1970.

[4] Crafts N. F. R. Trade as a Handmaiden of Growth: An Alternative View[J]. The Economic Journal, 1973.

[5] Riedel James. Trade as the Engine of Growth in Developing Countries, Revisited[J]. The Economic Journal, 1984.

[6] Lewis W Arthur. The Slowing Down of the Engine of Growth[J]. The American Economic Review, 1980.

4.实证研究现状

国际贸易与经济增长之间的关系历来受经济学家关注，但仁者见仁、智者见智，在理论上存在很大的分歧，缺乏统一的观点和看法。因此，有一部分经济学者从实证研究的角度来对此问题进行验证和分析，得出的结论也是五花八门。下面将对相关的实证研究文献进行一定的归纳和梳理。

（1）对跨国数据进行的研究

在这方面非常具有影响力是Jeffrey D. Sachs和Andrew M. Warner[1]（1990）的一篇文献，他们利用回归分析的研究方法对197个国家的1990年的数据进行了实证检验，测度、分析了矿产和其他资源的出口对GDP增长的影响作用，发现一国的对外开放程度与经济增长之间存在正相关的关系。Jeffrey D. Sachs和Andrew M. Warner的这篇文献后来被国际货币基金组织和世界银行等国际组织广泛引用，用于支持其对发展中国家提出的开放经济的建议。

Balassa[2]（1978，1984）、William Tyler[3]（1981）、Rostam Kavoussi[4]（1984）等学者的研究是早期研究的经典文献，都得出了支持"贸易发动机"观点的结论。Woo S. Jung和Peyton J. Marshall[5]（1985）研究了37个发展中国家的数据，对出口与经济增长进行了因果关系检验，发现在37个发展中国家当中只有4个国家的检验结果支持了"出口促进经济增长"结论，他对"贸易发动机"观点表示了质疑。

Dalia Marin[6]（1992）对4个发达市场经济国家的数据进行了协整关系和格兰

---

[1] Sachs Jeffrey D, Warner Andrew M. Natural Resource Abundance and Economic Growth [M]. Cambridge: Harvard Institute for International Development, 1995.

[2] Balassa B. Exports and economic growth: further evidence[J]. Journal of Development Economics, 1978.
Balassa B. Exports, Policy Choices, and Economic Growth in Developing Countries after the 1973 Oil Shock[J]. Journal of Development Economics, 1985.

[3] Tyler William. Growth and export expansion in developing countries: Some empirical evidence[J]. Journal of Development Economics, 1981.

[4] Kavoussi Rostam. Export Expansion and Economic Growth:Further Empirical Evidence[J]. Journal of Development Economics, 1984.

[5] Jung Woo S, Marshall Peyton J. Exports, growth and causality in developing countries[J]. Journal of Development Economics, 1985.

[6] Marin Dalia. Is the Export-Led Growth Hypothesis Valid for Industrialized Countries?[J]. The Review of Economics and Statistics, 1992.

杰因果关系检验，他发现发达市场经济国家与发展中国家一样，出口与经济增长具有因果关系。Musleh Din[1]（2004）采用多元时间序列分析方法对南亚地区的5个国家的数据进行了分析，检验了出口、进口与经济增长之间的关系，得出的结论与前期研究的结论相反，认为出口促进经济增长的结论并不适用于南亚地区所有的国家。

（2）对单个国家数据的研究：

Surendra J. Patel[2]（1959）和 Abhijit Sharma 与 Theodore Panagiotidis[3]（2003）对印度数据进行了研究，分析了印度出口与印度经济增长之间的关系。Ferda Halicioglu[4]（2007）对土耳其1980—2005年的季度数据进行了分析，检验了"出口促进经济增长"的假设，通过对土耳其的工业生产和出口数据的协整检验，发现出口不是土耳其工业生产增加的直接原因。

Fredrik Sjoholm[5]（1999）对印度尼西亚数据进行了研究，分析了出口、进口与经济增长的关系，发现出口和进口都对印度尼西亚的经济增长产生了积极的影响。Francisco F. Ribeiro Ramos[6]（2000）利用协整模型和格兰杰因果检验分析了波兰进出口与经济增长之间的关系。

有关中国数据的研究：中国作为最大的发展中国家，其经济发展和社会进步情况受世界各国学者关注，许多学者投入了对中国经济的研究。不同学者对中国的研究采用的数据有所不同，利用的研究方法也存在一定的差异，得出结论存在较大的差异。

---

[1] Din Musleh. Exports, Imports, and Economic Growth in South Asia- Evidence Using a Multivariate Time-series Framework[J].The Pakistan Development Review, 2004.

[2] Patel Surendra J. Export Prospects and Economic Growth:India[J].The Economic Journal, 1959.

[3] Sharma Abhijit, Panagiotidis Theodore. An Analysis Of Exports And Growth In India: Some Empirical Evidence (1971 - 2001)[R].Sheffield Economic Research Paper Series,SERP Number: 2003004.

[4] Halicioglu Ferda. A Multivariate Causality Analysis of Export and Growth for Turkey[R].EERI Research Paper Series No 5, 2007.

[5] Sjoholm Fredrik. Exports, Imports and Productivity: Results from Indonesian Establishment Data[J].World Development, 1999.

[6] Ramos Francisco F, Ribeiro. Exports, imports, and economic growth in Portugal: evidence from causality and cointegration analysis[J].Economic Modelling, 2001.

Andy C. C. Kwan 和 Benjamin Kwok [1]（1995）、Jordan Shan 和 Fiona Sun [2]（1998）对中国的对外贸易与经济增长之间的关系进行了检验，发现对外贸易与经济增长之间存在双向的因果关系。XiaoHui Liu、Peter Burridgez 和 P.J.N. Sinclair [3]（2002）从总体水平上对我国的数据进行了研究和分析，考察了贸易、经济增长以及 FDI（季度数据）之间的关系，发现这三者之间存在稳定的协整关系，并且存在双向的因果关系，我国实行的对外开放政策对这三者都有一定的推动作用。Sun Haishun 和 Parikh Ashok [4]（2001）研究了我国的出口与经济增长之间的关系，并对存在稳定相关关系的原因进行了深入探讨，发现经济结构、开放度和政策环境等因素在其中起了关键性作用。

我国的许多学者也对我国数据进行了研究，比如，沈程翔（1999）、刘晓鹏（2001）、王坤和张书云（2004）等研究都支持了对外贸易促进经济增长的结论，认为国际贸易是经济增长的 Granger 原因。也有学者的研究得出相反的结论，孙焱林（2000）、许启发和蒋翠侠（2002）的研究发现对外贸易不是经济增长的原因。

2.2.2 关于外商直接投资与经济增长的关系研究

同贸易与经济增长的关系一样，外商直接投资与经济增长的关系也是一个历来受经济学家关注的重要问题，最早可以追溯到重商主义时代。经济学家托马斯·孟 [5]（Thomas Mun, 1664）提出，只有实现贸易顺差才能增加国民财富，而资本流入并不会使得国民财富真正增长，他认为对外直接投资对资本输出国来说是有利的，而对资本输入国来说是不利的。

---

[1] Kwan Andy C. C , Kwok Benjamin. Exogeneity and the Export-Led Growth Hypothesis: The Case of China[J]. Southern Economic Journal, 1995.

[2] Shan Jordan , Sun Fiona. On the export-led growth hypothesis:the econometric evidence from China[J].Applied Economics, 1998.

[3] Liu XiaoHui , Burridgez Peter , et al. Relationships between economic growth,foreign direct investment and trade:evidence from China[J]. Applied Economics, 2002.

[4] Sun Haishun , Ashok Parikh. Exports, Inward Foreign Direct Investment (FDI) and Regional Economic Growth in China[J]. Regional Studies, 2001.

[5] Mun Thomas. England's Treasure by Forraign Trade[M]. BiblioLife, 1664.

1.从"双缺口模型"到"四缺口模型"

第二次世界大战后，尤其是发展经济学兴起之后，外商直接投资对经济的实际影响逐渐引起了广大经济学家的重视。MacDougall[1]（1960）研究了外商直接投资与资源配置以及收入分配之间的关系，为后来的研究者提供了方向。Hollis B. Chenery 和 Alan M. Strout[2]（1966）提出了著名的"双缺口模型"，该模型在国际投资领域非常具有影响力。他们认为，储蓄缺口和外汇缺口是两大缺口，这两大缺口对发展中国家的经济发展来说都是比较强的约束，通过吸引外商直接投资可以在一定程度上填补这两个缺口，从而促进经济发展。当一个国家的储蓄不足时，就需要进出口同等规模的赤字，也可以通过引进外资来达到目的。双缺口模型是许多发展中国家吸引外商直接投资的一个重要理论基础，也是可供选择的经济发展途径之一。

但随着经济的发展，出现了"双缺口模型"无法解释的现象。近年来，中国的储蓄非常丰富但同时也大量吸引外商投资，这是"双缺口模型"所无法解释的，并且发达资本主义国家之间的双向投资量也呈逐年增长的趋势，使得"双缺口模型"不断受到挑战。Hirschman 和 Todaro 将双缺口模型进行了演化扩展，将其发展成为"三缺口模型"，Edmar L. Bacha[3] (1990) 和 Taylor[4] (1991, 1993)在 Hirschman、Todaro 的基础上对"三缺口模型"进行了详细阐述，他们认为除了储蓄缺口和外汇缺口之外，还存在第三个缺口——技术缺口。Paul Streeten[5]（1974）对其进一步发展，在三缺口模型的基础上将税收缺口作为第四个缺口，提出了"四缺口模型"。

[1] MacDougall G. D. A. The Benefits and Costs of Private Investment from Abroad: A Theoretical Approach[J]. Economic Record, 1960.

[2] Chenery Hollis B, Strout Alan M. Foreign Assistance and Economic Development[J]. The American Economic Review, 1966.

[3] Bacha Edmar L. A three-gap model of foreign transfers and the GDP growth rate in developing countries[J]. Journal of Development Economics, 1990.

[4] Taylor L. Foreign Resource Flows and Developing Country Growth[M]. Helsinki: Wider,1991.
Taylor L. The Rocky Road to Reform: Adjustment, Income Distribution, and Growth in the Developing World [M]. Cambridge: MIT Press, 1993.

[5] Streeten Paul. Development Perspectives[M]. the Macmillan Press Ltd., 1981.

2.外商直接投资对经济的影响研究

许多学者从实证角度研究外商直接投资对经济的影响，由于不同学者采用的数据和研究方法不同，得出的结论也存在一定的差异，比如有学者认为外商直接投资对经济有积极的影响，也有学者认为外商直接投资对经济的作用是消极的。下面将对有关学者的研究进行阐述。

（1）外商直接投资对经济的积极作用

一般认为，外商直接投资会对东道国产生技术溢出效应，可以在一定程度上促进技术进步，这是外商直接投资对经济起积极作用的主要原因。V. N. Balasub-ramanyam、M. Salisu 和 David Sapsford❶（1996）从新经济增长角度出发进行了研究。他们分析了40个发展中国家的数据，检验外商直接投资是否对经济增长起促进作用，检验结果表明，对外贸易政策的开放程度对外商直接投资起很大的制约作用。对外贸易政策的开放程度越高，外商直接投资对经济的促进作用就会越强。E. Borensztein、J. De Gregorio 和J—W. Lee❷（1998）对两个时期的跨国数据进行了研究，在这跨国数据中外商直接投资从工业国流向69个发展中国家，分析外商直接投资与经济增长的关系，发现技术传播的一个重要渠道便是通过外商直接投资，他们认为相比于国内投资，外商直接投资所起的推动作用更大，但外商直接投资发挥作用大小受制于东道国的人力资本。Luiz R. de Mello Jr.❸（1999）研究了OECD国家和非OECD国家的1970—1990年数据，测度和分析了外商直接投资对资本积累、产出以及全要素生产率的影响，发现外商直接投资主要是通过技术进步和知识溢出来对资本积累、产出以及全要素生产率产生积极作用。

Abdur Chowdhury 和 George Mavrotas❹（2005）利用新经济增长理论进行研究，分析了三个发展中国家——智利、马来西亚以及泰国的数据，基于Toda-

❶ Balasubramanyam V. N, Salisu M, Sapsford David. Foreign Direct Investment and Growth in EP and IS Countries[J]. The Economic Journal,1996.

❷ Borensztein E, Gregorio J. De, Lee J—W. How does foreign direct investment affect economic growth?[J]. Journal of International Economics, 1998.

❸ Luiz R. de Mello Jr. FDI—led growth: evidence from time series and panel data[R]. Oxford Economic Papers, 1999 - Oxford Univ Press.

❹ Chowdhury Abdur, Mavrotas George. FDI and Growth: A Causal Relationship[R]. Research Paper No. 2005/25, United Nations University, 2005.

Yamamoto 检验对外商直接投资与经济增长之间关系进行了检验，发现智利的两个变量之间并不存在因果关系，而马来西亚与泰国的两个变量之间存在双向的因果关系。Glauco de Vita 和 Khine S. Kyaw[1]（2009）利用动态面板数据模型进行了研究，分析了 126 个发展中国家的 1985—2002 年数据，研究外商直接投资对低收入国家的影响，为使外商直接投资对低收入国家发挥最大的积极效应，发展中国家应该具备最低的发展水平以及较强的吸收能力。

（2）外商直接投资对经济的消极作用

与前述学者认为外商直接投资可以推动经济发展的观点相反，有一些学者认为由于存在着较大的生产技术差距会使得外商直接投资对东道国的技术溢出效应变得极为有限，并且外商直接投资还会对国内投资产生一定的替代效应，因此，他们认为外商直接投资对东道国的经济发展会产生消极影响，阻碍东道国的经济发展。William Easterly[2]（1993）构造了内生经济增长模型来进行研究，分析了国内资本和外商资本这两种资本对经济增长的影响，发现许多发展中国家为了吸引外商投资的进入，大都会给予外商投资许多的优惠条件，如税收优惠或者关税优惠等，这种"超国民待遇"会对国内投资产生非常不利的影响，如果国内外企业存在很大的技术差距，还会对经济增长产生非常不利的影响。

Brian J. Aitken 和 Ann E. Harrison[3]（1999）对委内瑞拉 1976—1989 年的企业数据进行了研究，发现外商直接投资的技术外溢效应都被合资企业本身进行了内部化，对外部企业的技术外溢几乎为零，因此外商直接投资对委内瑞拉经济发展的促进作用被大大削弱。Maria Carkovic 和 Ross Levine[4]（2002）利用 GMM 估计对世界银行数据库和 IMF 数据库的数据进行了研究，发现外商直接投资并不能对经济增长起积极的促进作用。

---

[1] Vita Glauco de，Kyaw Khine S. Growth effects of FDI and portfolio investment flows to developing countries: a disaggregated analysis by income levels[J]. Applied Economics Letters, 1009.

[2] Easterly William. How much do distortions affect growth?[J]. Journal of Monetary Economics, 1993.

[3] Aitken Brian J，Harrison Ann E. Do Domestic Firms Benefit from Direct Foreign Investment? Evidence from Venezuela[J]. The American Economic Review, 1999.

[4] Carkovic Maria，Levine Ross. Does Foreign Direct Investment Accelerate Economic Growth?[R]. www.worldbank.org, 2002.

（3）关于中国外商直接投资的研究

随着中国改革开放的深入发展，中国吸引了越来越多的外商直接投资，许多学者投入到我国外商直接投资的研究当中，得出了一些有意义的结论。Peter J. Buckley 和 Jeremy Clegg 等[1]（2002）对中国1989—1999年的分省数据进行了研究，发现我国的投资环境尤其是经济环境和技术环境对外商直接投资作用的发挥产生很大的影响，外商直接投资在不同地区发挥的作用存在很大差异，在经济发达地区所起的作用要强于在经济欠发达地区所起的作用。N. Madariaga 和 S. Poncet[2]（2005，2006a，2006b）对中国1990—2002年近200个城市的数据进行了分析和研究，发现外商直接投资存在明显的技术溢出效应，各个城市的金融开放程度和邻近城市的外商直接投资的流动情况都对技术外溢产生了积极的作用。

国内学者对我国的外商直接投资情况进行了大量研究，包括理论研究和实证研究。为了对中国利用外资现象进行合理解释，汤文仙和韩福荣[3]（2000）经过研究后认为在储蓄缺口和外汇缺口之外，还存在第三个缺口——技术缺口（tech-sep）。由于我国缺乏必需的生产技术和先进的管理，因此影响到我国经济的持续快速发展。刘志强[4]（Zhiqiang Liu，2002）对我国的外商直接投资的技术溢出效应进行了研究，他通过对深圳特区的29个工业行业的1993—1998年度数据的分析，发现深圳特区的外商直接投资具有很强的技术溢出效应，并且使其他部门也因此获益。

王志鹏和李子奈[5]（2004）构建了准内生经济增长模型，用来考察外商直接投资的外溢效应，研究结果表明国内外投资的比例将在长期内对经济增长产生深

[1] Buckley Peter J, Clegg Jeremy, et al. Regional differences and economic growth: panel data and evidence from China[R]. United Nations Conference on Trade and Development Division on Investment, Technology and Enterprise Development, 2002.

[2] Madariaga N, Poncet S. FDI impact on growth: spatial evidence from China[R]. CEPII and CES, 2005.
Madariaga N, Poncet S. FDI in China: spillovers and impact on growth[R]. CEPII and CES, 2006.
Madariaga N, Poncet S. FDI in Chinese cities: spillovers and impact on growth[R]. CEPII and CES,2007.

[3] 汤文仙,韩福荣.三缺口模型:对双缺口模型的修正[J].当代经济科学,2000.

[4] Liu Zhiqiang. Foreign Direct Investment and Technology Spillover: Evidence from China[J].Journal of Comparative Economics, 2002.

[5] 王志鹏,李子奈.外商直接投资、外溢效应与内生经济增长[J].世界经济文汇,2004.

远的影响，并且人力资本特征鲜明。康赞亮和张必松（2006）利用协整模型进行了研究，分析我国的外商直接投资、国际贸易以及经济增长之间的关系，发现这三者之间存在长期均衡关系。

2.2.3 关于外商投资与国际贸易的关系研究

外商投资不但对经济发展和进步产生直接影响，而且外商投资的进入会对国际贸易方式和贸易产品结构产生影响，会对国际贸易产生一定的替代效应或者互补效应，并通过国际贸易来间接影响经济的发展。经济学家对这两者之间的关系进行了系统深入的研究，形成了几种不同的观点，下面将对几种主要的观点加以介绍。

1.替代作用观点

经济学家经过研究发现，资本流动会对贸易产生一定的替代作用，其中外商直接投资形式的资本流动对资本密集型产品贸易产生的替代作用更为明显。蒙代尔[1]（Robert A. Mundell, 1957）是这个领域的先行者，最早提出了国际投资对国际贸易产生替代作用的观点。他在赫克歇尔-俄林模型的基础上，假定只有两个国家、仅有两种要素、只生产两种产品，并且两国的生产技术基本相同以及生产要素可以在两国之间自由流动，构建了一个模型研究国际投资与国际贸易之间的关系，得出的结论支持国际投资会对国际贸易产生替代作用的观点。

雷蒙德·弗农[2]（Raymond Vernon, 1966）把国际贸易和国际投资纳入了一体化分析框架，从产品生命周期角度进行了分析，研究出口与国际投资的关系。他认为在产品的生命周期当中，企业为了保持对产品的生产技术垄断会选择对外投资，通过占领国际市场来实现国际产业转移，在这个过程当中创新与技术扩散是贯穿始终的，一旦选择了对外投资就会对出口产生一定的替代效应。

保罗·萨缪尔森[3]（Paul A. Samuelson, 1948, 1953）的 H-O-S 模型从另外一

[1] Mundell Robert A. International Trade and Factor Mobility[J].The American Economic Review, 1957.

[2] Vernon Raymond. International Investment and International Trade in the Product Cycle[J]. Quarterly Journal of Economics, 1966.

[3] Samuelson Paul A. International Trade and the Equalisation of Factor Prices[J]. The Economic Journal, 1948.
Samuelson Paul A. Prices of Factors and Good in General Equilibrium[J]. The Review of Economic Studies, 1953.

个角度阐述了国际贸易和国际投资的替代效应，又称为"要素价格均等化定理"，即在国际贸易发展过程当中，生产要素的价格会逐渐趋于均等，进而使得国际投资发生的可能性变小。此外 Horst、Adleer 以及 Stevens 也对国际投资与国际贸易之间的关系进行了研究，得出了类似的替代作用观点。

2.互补作用观点

蒙代尔提出的国际投资会对贸易产生替代作用的观点建立在技术相同的假设基础之上，一旦这个假设条件不存在，便会产生另外一种结果。Markuson[1] (1983) 改变了蒙代尔的技术相同假设，认为在技术不同时，国际贸易和国际投资之间还存在一定的互补作用。他假设两国的生产要素禀赋相同，但在技术方面存在差异，都生产两种产品（钢铁和棉布），两国都会生产本国具有比较优势的产品用于出口。但如果生产要素可以在两国之间自由流动，资本便会向具有技术优势的国家流动，而劳动力的流动方向与资本的流动方向相反，这会进一步增强各自的比较优势，从而促进国际贸易的发展。Kemp、Jones、Svensson 和 Purvis 等学者也有类似的观点，即认为在技术差异存在的条件下，国际投资可以促进国际贸易的发展，即国际投资会对国际贸易产生互补效应。

日本学者小岛清[2]（Kiyoshi Kojima, 1978）提出了边际产业扩张理论。该理论以赫克歇尔–俄林的模型为基础，研究了国际贸易和国际投资之间的关系。他通过对日本海外投资的研究和分析，认为国际贸易与国际投资之间存在着互补关系。提出开展对外投资活动应该从边际产业（处于比较劣势的产业）开始依次进行，即从资源密集型产业要逐步转到劳动密集型产业，再从劳动密集型产业逐步转到资本密集型产业。

3.不确定性观点

替代作用观点和互补作用观点的得出都是建立在一定的假设条件之下，并且针对不同国家的研究所得出的结论也不尽相同。因此有学者经过研究发现国际贸

---

[1] Markuson, James R, Melvin, James R. Factor movements and commodity trade as complements[J]. Journal of International Economics, 1983.

[2] Kojima K. Direct Foreign Investment: A Japanese Model of Multinational Operations[M]. Croom Helm, 1978.
小岛清.对外贸易论[M].天津:南开大学出版社,1987.

易和国际投资之间存在的是一种不确定性关系，持这种观点的经济学家为J. Peter Neary[1]（1995），他通过对3×2模型（2个国家、3种要素）的研究和分析，发现国际贸易和资本流动之间是一种不确定关系。

2.2.4 实证研究现状

关于国际贸易和外商直接投资之间的关系没有形成统一的观点，许多学者从实证角度对这两者之间的关系进行了研究，比较著名的学者有Simeon Hein、R. Lucas、K.W.Jun、H. Singh等，得出了与理论研究类似的几种观点。

2.3 理论模型构建

2.3.1 国际贸易对经济的影响模型构建

为了测度国际贸易对经济的影响，在后面的研究中将借鉴古典贸易理论、新古典贸易理论以及当代贸易理论，在柯布-道格拉斯（Cobb-Douglas）生产函数框架下进行研究。生产函数是反映一定时期内，在技术水平保持稳定的情况下，各生产要素的投入量及其最大产量之间的关系。生产函数可以在一定程度上反映生产过程中各生产要素对产量的贡献程度。在经济学中为简化分析一般假定生产中只有劳动力和资本两种生产要素，此时生产函数形式为 $Q=f(L,K)$。

20世纪30年代，柯布(C.W.Cobb)和保罗·道格拉斯(Paul H.Douglas)在对1899—1922年美国制造业进行研究时提出了一种生产函数，后来被称为柯布-道格拉斯生产函数，其基本形式如下：

$$Y = A(t)L^{\alpha}K^{\beta}\mu$$

其中，$A(t)$ 为技术进步，L 为投入的劳动力，K 为投入的资本，α 为劳动力弹性系数，β 为资本弹性系数，μ 为随机扰动项，$0<\alpha,\beta<1$。

根据 α 和 β 的组合情况可以分为几种类型：

$\alpha+\beta>1$，为规模报酬递增；

$\alpha+\beta<1$，为规模报酬递减；

[1] Neary J. Peter. Factor Mobility and International Trade[J].The Canadian Journal of Economics, 1995.

$\alpha + \beta = 1$，为规模报酬不变。

R.M.斯诺基于规模报酬不变的这种情况，提出了中性技术模式的生产函数，当 $\mu = 1$，则柯布-道格拉斯生产函数变为

$$Y = A(t)L^{1-\varepsilon}K^{\varepsilon}$$

其中，ε 为资本弹性系数，$1-\varepsilon$ 为劳动力弹性系数。

若用 p 表示产出价格，q 表示资本价格，则 $\varepsilon = \dfrac{\partial \ln Y}{\partial \ln K} = \dfrac{qK}{pY}$。

现代经济是一种开放经济，全球经济出现了一体化浪潮，各国之间的经济文化交流越来越密切，因此，在开放经济的条件下，考虑对生产的影响因素，除了要考虑劳动力、土地、资本和企业家才能等传统要素之外，还应重点考虑对外贸易对经济的影响作用，要考察进口和出口对经济是否存在推动作用，如果存在推动作用，对经济的促进作用达到什么程度。因此，在后面的实证分析当中，除了考虑劳动力和资本的影响之外，还将对外贸易作为自变量，考察其对区域经济、行业经济以及企业经济效益的影响。

构建的生产函数为

$$Y = A(t)L^{\alpha}K^{\beta}EX^{\gamma}IM^{\eta}\mu$$

其中，$A(t)$ 为技术进步，L 为投入的劳动力，K 为投入的资本，EX 为出口，IM 为进口，α 为劳动力弹性系数，β 为资本弹性系数，γ 为出口弹性，η 为进口弹性，μ 为随机扰动项。

2.3.2 外商直接投资对国际贸易的影响模型构建

随着世界经济的飞速发展和科学技术的快速进步，资本和技术这些生产要素的国际流动日益频繁，这对国际贸易和世界经济产生了重要的影响，并且随着世界经济一体化进程的加快以及各国之间经济文化交流的增加，国际直接投资成为影响世界经济贸易发展的重要因素之一，这不但推动了贸易和投资的融合，而且促使贸易和投资日益一体化。贸易投资一体化的发展也推动了国际贸易理论和国际直接投资理论的逐渐融合。

国际资本流动会对资本输入国、资本输出国以及整个世界的生产和国民收入分配产生重要影响。代表性的理论为 G.D.A.Macdougall 在 1960 年提出的 Macdougall 模型。M.C.Kamp 对 Macdougall 模型进行了发展，该模型已经成为了分析国际资本流动的一般理论模型。Macdougall 和 Kamp 认为，由于资本的边际生产力和资本的价格在不同国家之间存在很大的差异性，再加上资本可以自由流动，资本可从资本要素丰裕的国家自由地流向资本要素短缺的国家，通过资本存量的调整使得资本的边际生产力在不同国家之间不断趋于均等化，在这过程中提高了世界资源的利用率，促进了世界经济的发展和各国福利水平的提高，图 2-1 可以对其进行清晰的说明。

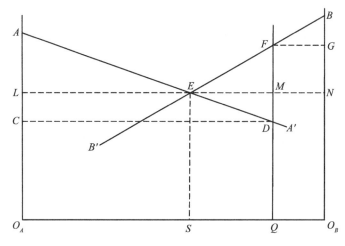

图 2-1　国际资本流动的一般理论模型

其中，横轴代表资本的数量，纵轴代表资本的边际生产力，O_A 为资本输出国 A 国的原点，O_AQ 为 A 国拥有的资本量，AA' 为 A 国的资本边际生产力曲线，O_B 为资本输入国 B 国的原点，O_BQ 为 B 国拥有的资本量，BB' 为 B 国的资本边际生产力曲线，O_AO_B 为世界资本总量。

由图 2-1 中可以看出，由于两国的资本边际生产力存在差异，A 国的资本价格低于 B 国，资本会从 A 国流向 B 国，直到两国的资本边际生产力相等为止，即 $O_AL = O_BN$。资本发生流动之前，A 国的生产量为 O_AADQ，B 国的生产量为 O_BBFQ；资本发生流动之后，A 国的生产量为 O_AAES，B 国的生产量为 O_BBES。资本流动使得世界总产量增加了 △DEF 部分。此时，两国的资本边际生产力趋于同一水平，都为 ES。A 国由于输出了资本，国内产品的产量会相应减少，但由于获得了对外投资的收益，使得 A 国的国民收入净增加了 DEM 部分。B 国由于输入了国外资本，总产量会相应提高，总产量提高的部分除了要付出部分外资收益外还有一部分剩余，B 国的国民收入增加了 *EFM* 部分。

如前所述，关于外商投资对贸易的影响，受到许多学者的关注，形成了几种代表性的观点，比较有代表性观点有替代作用观点、互补作用观点和不确定性观点等。关于国际资本流动对国际贸易的影响机理，主要表现为对国际贸易的规模影响、对国际贸易格局的影响、对国际贸易方式的影响和对国际贸易政策的影响等方面。

国际资本流动对国际贸易规模产生的影响一般来说可以分为四种情况：

1）如果资本从一国的出口部门流入另一国的出口部门，则资本输出国由于出口部门的资本输出使得出口产品的生产缩减，进而导致出口数量减少；而输入国由于出口部门的资本输入使得出口产品的生产扩大，进而导致出口增加，在这种情况下两国的国际贸易总规模基本保持一个稳定的水平。

2）如果资本从一国的进口竞争部门流入另一国的出口部门，则资本输出国由于进口竞争部门的资本输出使得进口竞争产品的生产缩减，进而导致进口增加，而资本输入国由于出口部门的资本输入使得出口产品的生产扩大，进而导致出口增加，在这种情况下两国的国际贸易规模都会扩大。

3）如果资本从一国的出口部门流入另一国的进口竞争部门，则资本输出国由于出口部门的资本输出使得出口产品的生产缩减，进而导致出口减少；而资本输入国由于进口竞争部门的资本输入使得进口竞争产品的生产扩大，进而导致进口减少，在这种情况下两国的国际贸易规模都会减少。

4）如果资本从一国的进口竞争部门流入到另一国的进口竞争部门，则资本输出国由于进口竞争部门的资本输出使得进口竞争产品的生产缩减，进而导致进口增加；而资本输入国由于进口竞争部门的资本输入使得进口竞争产品的生产扩大，进而导致进口减少，在这种情况下国际贸易的总规模基本保持稳定。

国际资本流动还有可能会对国际贸易产生一定的替代作用，假定投资国国内生产成本为 C，出口环节的流通成本为 M，在东道国投资的生产成本为 C'，管理和营销成本为 M'，则对于资本输出国来说

如果 $C + M < C' + M'$，此时选择出口会比选择投资有利；

如果 $C+M > C'+M'$，此时选择对外投资会比选择出口更为有利。

国际资本流动对贸易格局的影响体现在以下四个方面：

1）改变了国际贸易的地理格局。国际资本的流动方向，在很大程度上左右着国际贸易的主要流动方向。

2）改变了国际贸易的商品结构。在经济发展过程中，许多产业从发达国家向发展中国家转移，资本输出的主要部门也逐渐由初级部门向制造业和服务业部门转变，工业制成品和服务在国际贸易中的比重不断提升，初级产品的比重不断下降。

3）促进了新的贸易方式的产生。随着经济的发展，跨国公司在国际贸易中的地位和影响力不断提升，跨国公司通过对外直接投资来控制企业的经营权，并通过设立贸易机构来经营进出口业务。而传统国际贸易中的贸易中间商、贸易代理商或进出口贸易公司的地位不断下降。国际资本流动产生了一些新的国际贸易方式，主要包括补偿贸易、加工贸易、国际租赁以及国际分包等。

4）推动了贸易自由化的发展。国际资本流动使得生产的国际化程度越来越高，进而推动了贸易自由化的发展。出于自身利益考虑跨国公司是自由贸易的积极主张者之一。跨国公司大都实力雄厚，他们可以通过各种渠道来对政府决策施加影响。通过直接投资可以绕过贸易壁垒，使得关税、配额以及非关税措施在一定程度上失效，在一定程度上起到了打破贸易保护的作用，促进了国际贸易的自由发展，另外，资本的国际流动还促使一些国家放松了对国际贸易的干预和管制。

事物总是具有两面性，追逐利润是资本的本性，国际资本流动在给我们带来利益的同时，也存在一些不利因素，例如，外商直接投资的行业分布不平衡对我国经济结构产生了深远影响，农业由于吸收外商投资很少，造成我国农业在一定程度上滞后于工业和服务业的发展，外资的大量进入会对我国的民族产业产生一定的挤逼效应，还会造成市场和品牌的垄断。外资的大量引进还会增大我国的资源与环境压力，外资的大量引入会造成通货膨胀的压力，另外，外商投资的大量引入会在一定程度上削弱我国产品的技术创新能力。跨国公司由于具有强大的经济实力和广泛的影响力，加速了对世界资源的垄断和控制，进而通过大幅度提高价格攫取超额利润。我国的一些关系国计民生的产业已经逐渐被某些国际垄断资本所控制，给我们的经济安全敲响了警钟。例如，国际垄断资本已经实现对铁矿石的控制，使得我国的铁矿石进口价格逐年攀升，国内的许多钢铁企业已经举步维艰，面临严重的生存压力。我国作为最大的铁矿石进口国却没有相应的定价权，每年的铁矿石谈判都无功而返，给我国的钢铁行业带来巨大的压力。再如，我国的大豆产业更是受国际垄断资本控制，我国大豆进口量急剧增加，进口价格逐年攀升，给我国带来巨大的经济损失，我国许多大豆压榨企业也已经被国际垄断资本控制，我国由大豆和豆油净出口国变为世界上最大的大豆和豆油双进口国，我们的粮油安全面临严重的挑战。

在后面有关外商投资对贸易的影响研究将在已有观点的基础上从实证分析角度出发，研究外商投资对我国区域贸易和行业贸易的影响，进而考察外商投资通过国际贸易对我国经济产生影响的作用机理，构建的理论模型形式如下：

在对区域进行分析时，构建的模型为

$$EX = \alpha + \beta FDI + \gamma_1 AREA$$

其中，EX 为出口，FDI 为外商直接投资，AREA 为区域。

在对行业进行分析时，构建的模型为

$$EX = \alpha + \beta FDI + \gamma_2 IND$$

其中，IND 为行业。

2.3.3 在考虑外商投资影响下国际贸易对经济的影响模型构建

世界各国之间的经济和文化交流越来越频繁，国际资本的流动越来越快，世界贸易得到了蓬勃发展，贸易和投资开始出现一体化趋势，部分区域的经济出现一体化，进而整个世界的经济也逐渐呈现一体化的趋势。在这种背景下传统的国际贸易方式发生了新的变化，贸易结构不断发生变化，新的贸易方式不断涌现，补偿贸易、加工贸易、国际租赁以及国际分包等新的贸易方式在一些新兴经济体中发展非常迅速，并在整个国际贸易中占据了重要的地位。由于出现了贸易投资一体化趋势，国际贸易对经济的作用也因国际资本流动的影响而具有了新的特点，尤其是对于我国这样一个大量吸引外资的发展中国家来说，要考察国际贸易对经济的影响作用，更应该在充分考虑外商直接投资的影响下来进行。因此，在微观数据分析中将外商投资比例及由此产生的虚拟变量加入到自变量当中，考察在外商投资影响下不同区域或不同行业间国际贸易对经济的影响作用。

第 3 章

国际贸易对行业经济的影响——基于面板数据模型

3.1　面板数据模型简介

3.1.1　面板数据模型的提出和发展

　　面板数据模型是20世纪兴起的一种统计分析方法，主要用来分析同时具有截面和时间序列特征的面板数据。自20世纪80年代在法国巴黎召开第一届面板数据会议以来，面板数据模型受到了越来越多学者的关注。许多学者投入到面板数据模型的理论探索和应用研究当中。做出重要贡献的学者主要有萧政（Hsiao Cheng）、Hausman、Breasch、Pagan、Badi H. Baltagi、Arellano、Bond、Ziliak、Bhargava、Pedroni、Kao和Chen等。一些国家和组织为了经济和社会研究的需要建立了许多的面板数据，比较著名的面板数据主要有美国1968年建立PSID数据、NLS数据、LRHS数据、CPS数据、HRS数据等；1989年德国的GSOEP数据；1993年加拿大的CSLID数据；2002年欧共体的ECHP数据等。

　　萧政（Hsiao Cheng）在1986年出版了《面板数据分析》（*Analysis of Panel Data*）❶，这是第一本全面、系统、深入地介绍面板数据模型的教科书，书中对面板数据模型的基本理论和方法进行了系统的介绍，主要包括静态模型、动态模型、非平衡面板数据模型等经典模型，有力地推动了面板数据模型的理论研究和应用推广。Hausman❷在1978年提出了著名的Hausman模型设定检验，他从不同效应的随机误差项与解释变量的相关性角度进行模型设定检验，用来判断应该采用随机效应模型还是固定效应模型。Breasch和Pagan❸在1979年构造了LM检验统计量，通过检验不同效应随机误差是否为零来对模型设定进行判断。Badi H. Baltagi❹自1980年开始对面板数据模型进行系统深入的研究，他发表了一系列有关面板数据模型的文章，对各种误差分解模型的估计效率、具有MA(q)和ARMA的误差分解模型以及联立方程误差分解模型进行了深入探讨，并于1995年出版

---

❶ Cheng Hsiao. Analysis of Panel Data［M］. 2nd ed. Cambridge University Press, 2003.

❷ Hausman J. A. Specification Tests in Econometrics ［M］. Econometrica, 1978(11)：1251-1271.

❸ Breusch T. S, Pagan A. R. A Simple Test for Heteroscedasticity and Random Coefficient Variation［J］. Econometrica, 1979, 47(5). 1287-1294.

❹ Baltagi Badi H. Econometric Analysis of Panel Data［M］. Chichester：John Wiley, 1995.

了书籍《面板数据计量经济分析》(*Econometric Analysis of Panel Data*),书中对面板数据模型进行了系统的总结。Arellano与Bond[1](1991)和Ziliak[2](1997)利用动态面板数据模型对经济的动态调整过程进行了分析,对就业、经济增长以及劳动力问题进行了研究。之后,许多学者开始对非平稳面板数据模型进行研究,探讨面板单位根和面板协整问题,面板单位根检验始于Bhargava等在1982年利用修正DW统计量的单位根检验。最早开始面板协整研究的是Pedroni、Kao、Chen、Kao和Chiang等学者。

3.1.2 面板数据模型的基本理论

1.面板数据模型的一般形式

面板数据模型的一般模型如下:

$$y_{it} = \sum_{k=1}^{K} \beta_{ki} x_{kit} + u_{it} (i = 1, 2, \cdots, N; t = 1, 2, \cdots, T)$$

其中,i 表示个体,t 表示时间。横截面的个数为 N,时间序列的维数为 T。y_{it} 是被解释变量的第 i 个个体的第 t 时期观测值,x_{kit} 是第 k 个解释变量的第 i 个个体第 t 时期的观测值,β_{ki} 是待估计参数,u_{it} 为随机误差项。用矩阵形式表示为

$$Y_i = X_i \beta_i + U_i (i = 1, 2, \cdots, N)$$

其中,$Y_i = \begin{bmatrix} y_{i1} \\ y_{i2} \\ \vdots \\ y_{iT} \end{bmatrix}_{T \times 1}$ 为 $T \times 1$ 的向量,$X_i = \begin{bmatrix} x_{1i1} & x_{2i1} & \cdots & x_{Ki1} \\ x_{1i2} & x_{2i2} & \cdots & x_{Ki2} \\ \vdots & \vdots & & \vdots \\ x_{1iT} & x_{2iT} & \cdots & x_{KiT} \end{bmatrix}_{T \times K}$ 为 $T \times K$ 向量,

$\beta_i = \begin{bmatrix} \beta_{1i} \\ \beta_{2i} \\ \vdots \\ \beta_{Ki} \end{bmatrix}_{K \times 1}$ 为 $K \times 1$ 向量,$U_i = \begin{bmatrix} u_{i1} \\ u_{i2} \\ \vdots \\ u_{iT} \end{bmatrix}_{T \times 1}$ 为 $T \times 1$ 向量。

---

[1] Arellano Manuel, Bond Stephen. Some Tests of Specification for Panel Data: Monte Carlo Evidence and an Application to Employment Equations [J].The Review of Economic Studies, 1991, 58(2):277-297.

[2] Ziliak James P. Efficient Estimation with Panel Data When Instruments Are Predetermined—An EmpiricalComparison of Moment-Condition Estimators [J].Journal of Business & Economic Statistics, 1997, 15(4):419-431.

2.混合回归模型

混合回归模型是将面板数据混合在一起采用普通最小二乘法进行参数估计的面板数据模型，主要应用于不同个体在时间上不存在显著差异并且在不同截面之间也不存在显著差异的情况，即混合回归模型建立在解释变量对被解释变量的影响与个体无关的假设基础之上，这种模型在实际问题的研究当中应用较少。

模型用公式表示为

$$y_{it} = \beta_1 + \sum_{k=2}^{K} \beta_k x_{kit} + u_{it}$$

用矩阵形式表示为

$$Y = X\beta + U$$

其中，$Y = \begin{bmatrix} Y_1 \\ Y_2 \\ \vdots \\ Y_N \end{bmatrix}_{NT \times 1}$ 为 $NT \times 1$ 向量，$X = \begin{bmatrix} X_1 \\ X_2 \\ \vdots \\ X_N \end{bmatrix}_{NT \times K}$ 为 $NT \times K$ 矩阵，$\beta = \begin{bmatrix} \beta_1 \\ \beta_2 \\ \vdots \\ \beta_K \end{bmatrix}_{K \times 1}$

为 $K \times 1$ 向量，$U = \begin{bmatrix} U_1 \\ U_2 \\ \vdots \\ U_N \end{bmatrix}_{NT \times 1}$ 为 $NT \times 1$ 向量。

混合回归模型的参数估计一般采用普通最小二乘法进行估计。

3.固定效应模型

固定效应模型是指斜率系数相同，而截距存在一定差异的模型。固定效应模型按截距的不同形式可以分为三种类型：个体固定效应模型、时间固定效应模型和时间个体固定效应模型。固定效应模型一般采用LSDV估计法（The Least Sauare Dummy Variable Estimation）或者是 ANCOVA 估计法（The Analysis of Covariance Estimation）进行参数估计。

（1）个体固定效应模型

个体固定效应模型是指斜率系数相同而不同纵剖面（个体）截距不同的模型。用公式表示为

$$y_{it} = \lambda_i + \sum_{k=2}^{K} \beta_k x_{kit} + u_{it}$$

写成矩阵形式为

$$Y = (I_N \otimes \iota_T)\lambda + X\beta + U$$

其中，I_N 为 N 阶单位矩阵，$\iota_T = (1, 1, \cdots, 1)^T$ 为 T 阶列向量，$\otimes$ 表示克罗克内积，

$\lambda = \begin{bmatrix} \lambda_1 \\ \lambda_2 \\ \vdots \\ \lambda_N \end{bmatrix}_{N \times 1}$ 为 $N \times 1$ 向量，$X_i = \begin{bmatrix} x_{2i1} & x_{3i1} & \cdots & x_{Ki1} \\ x_{2i2} & x_{3i2} & \cdots & x_{Ki2} \\ \vdots & \vdots & & \vdots \\ x_{2iT} & x_{3iT} & \cdots & x_{KiT} \end{bmatrix}_{T \times (K-1)}$ 为 $T \times (K-1)$ 矩阵，

$X = \begin{bmatrix} X_1 \\ X_2 \\ \vdots \\ X_N \end{bmatrix}_{NT \times (K-1)}$ 为 $NT \times (K-1)$ 矩阵，$\beta = \begin{bmatrix} \beta_2 \\ \beta_3 \\ \vdots \\ \beta_K \end{bmatrix}_{(K-1) \times 1}$ 为 $(K-1) \times 1$ 向量。

（2）时间固定效应模型

时间固定效应模型是指斜率系数相同而横剖面（时间点）截距不同的模型。用公式表示为

$$y_{it} = \gamma_t + \sum_{k=2}^{K} \beta_k x_{kit} + u_{it}$$

写成矩阵形式为

$$Y = (\iota_N \otimes I_T)\gamma + X\beta + U$$

其中，I_T 为 T 阶单位矩阵，$\iota_N = (1, 1, \cdots, 1)^T$ 为 N 阶列向量，$\otimes$ 表示克罗克内积。

$\gamma = \begin{bmatrix} \gamma_1 \\ \gamma_2 \\ \vdots \\ \gamma_T \end{bmatrix}_{T \times 1}$ 为 $T \times 1$ 向量，$X_i = \begin{bmatrix} x_{2i1} & x_{3i1} & \cdots & x_{Ki1} \\ x_{2i2} & x_{3i2} & \cdots & x_{Ki2} \\ \vdots & \vdots & & \vdots \\ x_{2iT} & x_{3iT} & \cdots & x_{KiT} \end{bmatrix}_{T \times (K-1)}$ 为 $T \times (K-1)$ 矩阵，

$X = \begin{bmatrix} X_1 \\ X_2 \\ \vdots \\ X_N \end{bmatrix}_{NT \times (K-1)}$ 为 $NT \times (K-1)$ 矩阵，$\beta = \begin{bmatrix} \beta_2 \\ \beta_3 \\ \vdots \\ \beta_K \end{bmatrix}_{(K-1) \times 1}$ 为 $(K-1) \times 1$ 向量。

（3）时间个体固定效应模型

时间个体固定效应模型是指斜率相同而纵剖面（个体）和横剖面（时间点）都具有不同截距的模型。用公式表示为

$$y_{it} = \lambda_i + \gamma_t + \sum_{k=2}^{K} \beta_k x_{kit} + u_{it}$$

写成矩阵形式为

$$Y = (I_N \otimes \iota_T)\lambda + (\iota_N \otimes I_T)\gamma + X\beta + U, i = 1, 2, \cdots, N; t = 1, 2, \cdots T$$

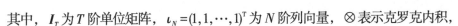

其中，I_T 为 T 阶单位矩阵，$\iota_N = (1,1,\cdots,1)^{\mathrm{T}}$ 为 N 阶列向量，$\otimes$ 表示克罗克内积，

$$\boldsymbol{\lambda} = \begin{bmatrix} \lambda_1 \\ \lambda_2 \\ \vdots \\ \lambda_N \end{bmatrix}_{N \times 1} \text{为 } N \times 1 \text{ 向量，} \quad \boldsymbol{\gamma} = \begin{bmatrix} \gamma_1 \\ \gamma_2 \\ \vdots \\ \gamma_T \end{bmatrix}_{T \times 1} \text{为 } T \times 1 \text{ 向量，}$$

$$\boldsymbol{X}_i = \begin{bmatrix} x_{2i1} & x_{3i1} & \cdots & x_{Ki1} \\ x_{2i2} & x_{3i2} & \cdots & x_{Ki2} \\ \vdots & \vdots & & \vdots \\ x_{2iT} & x_{3iT} & \cdots & x_{KiT} \end{bmatrix}_{T \times (K-1)} \text{为 } T \times (K-1) \text{ 矩阵，} \quad \boldsymbol{X} = \begin{bmatrix} \boldsymbol{X}_1 \\ \boldsymbol{X}_2 \\ \vdots \\ \boldsymbol{X}_N \end{bmatrix}_{NT \times (K-1)} \text{为 } NT \times (K-1) \text{ 矩}$$

阵，$\boldsymbol{\beta} = \begin{bmatrix} \beta_2 \\ \beta_3 \\ \vdots \\ \beta_K \end{bmatrix}_{(K-1) \times 1}$ 为 $(K-1) \times 1$ 向量。

4.随机效应模型

由于解释被解释变量的信息不够充分，固定效应模型往往通过设定虚拟变量来反映个体特征或者时间特征，或者是通过对模型截距项进行分解。但是固定效应模型存在一些不足，如固定效应模型是建立在一定的假设基础之上的。而实际情况并不能满足，并且虚拟变量的存在大大降低了模型的自由度，固定效应模型只考虑了确定性信息的效应，对于随机信息的效应未能得到有效考虑。随机效应模型可以在一定程度上弥补固定效应模型的这种不足。

随机效应模型将混合回归模型的随机误差项进行了分解，将其分解为三个部分：$u_{it} = u_i + v_t + w_{it}$，其中，$u_i$ 表示个体分量，v_t 表示时间分量，w_{it} 表示混合分量。随机误差模型又称为双因素误差分解模型。随机效应模型采用的参数估计方法为FGLS估计法（Feasible Generalized Least Square Estimation）。

模型形式用公式表示为

$$y_{it} = \beta_1 + \sum_{k=2}^{K} \beta_k x_{kit} + u_i + v_t + w_{it}$$

如果仅存在个体随机误差分量而不存在时间随机误差分量，此时模型称为个体随机效应模型，模型形式用公式表示为

$$y_{it} = \beta_1 + \sum_{k=2}^{K} \beta_k x_{kit} + u_i + w_{it}$$

5.变系数模型

混合回归模型、固定效应模型和随机效应模型都是建立在个体解释变量系数相同的基础之上，在一定程度上符合了实际情况，满足了分析的需要，但绝大多数情况并不满足这个假设。变系数模型是面板数据模型的一般形式，不但截距项不同，并且斜率系数也存在一定的差异。变系数模型经常采用的参数估计方法为广义最小二乘法（GLS）。

模型形式如下：

$$y_{it} = \sum_{k=1}^{K} \beta_{kit} x_{kit} + u_{it}, i = 1,2,\cdots,N; t = 1,2,\cdots,T$$

当个体的模型系数不随时间变化时，模型变为

$$y_{it} = \sum_{k=1}^{K} \beta_{ki} x_{kit} + u_{it}, i = 1,2,\cdots,N; t = 1,2,\cdots,T$$

6.模型设定检验

有关面板数据模型设定的检验方法是许多学者关注的问题，不同学者提出了几种不同检验方法，下面简要介绍常见的模型设定检验方法。

（1）混合模型设定检验

混合模型的原假设为

$$H_0^1 : \beta_{21} = \beta_{22} = \cdots = \beta_{2N}$$

经常采用的检验统计量为Chow检验的 F 统计量：

$$F_1 = \frac{(\text{RRSS} - \text{URSS})/(NK_2 + K_1 - K)}{\text{URSS}/(NT - K_1 - NK_2)} \sim F(NK_2 + K_1 - K, NT - K_1 - NK_2)$$

其中，URSS 为无约束模型 $\boldsymbol{Y}_i = \boldsymbol{X}_{1i}\boldsymbol{\beta}_1 + \boldsymbol{X}_{2i}\boldsymbol{\beta}_{2i} + \boldsymbol{U}_i, i = 1,2,\cdots,N$ 的残差平方和，$\boldsymbol{X}_1$ 为前 K_1 个解释变量，其系数与个体无关，$\boldsymbol{X}_2$ 为后 K_2 个解释变量，其系数随个体变化。RRSS 为有约束模型 $\boldsymbol{Y} = \boldsymbol{X}\boldsymbol{\beta} + \boldsymbol{U}$ 的残差平方和。

（2）个体固定效应模型设定检验

个体固定效应模型的原假设为

$$H_0^2 : \lambda_1 = \lambda_2 = \cdots = \lambda_{N-1} = 0$$

经常采用的检验统计量为 F 统计量：

$$F_2 = \frac{(\text{RRSS} - \text{URSS})/(N-1)}{\text{URSS}/(\text{NT} - N - K + 1)} \sim F(N-1, \text{NT} - N - K + 1)$$

其中，RRSS 为有约束模型 $Y = X\beta + U$ 的残差平方和。URSS 为无约束模型 $Y = (I_N \otimes \iota_T)\lambda + X\beta + U$ 的 ANCOVA 估计残差平方和或 LSDV 估计残差平方和。

（3）时间固定效应模型设定检验

时间固定效应模型的原假设为

$$H_0^3 : \gamma_1 = \gamma_2 = \cdots = \gamma_{T-1} = 0$$

经常采用的检验统计量为 F 统计量：

$$F_3 = \frac{(\text{RRSS} - \text{URSS})/(T-1)}{\text{URSS}/(\text{NT} - T - K + 1)} \sim F(T-1, \text{NT} - T - K + 1)$$

其中，RRSS 为有约束模型 $Y = X\beta + U$ 的残差平方和。URSS 为无约束模型 $Y = (\iota_N \otimes I_T)\gamma + X\beta + U$ 的残差平方和。

（4）时间个体固定效应模型设定检验

时间个体固定效应模型的原假设分别为

$$H_0^4 : \lambda_1 = \lambda_2 = \cdots = \lambda_{N-1} = 0 \text{和} \gamma_1 = \gamma_2 = \cdots = \gamma_{T-1} = 0$$
$$H_0^5 : \lambda_1 = \lambda_2 = \cdots = \lambda_{N-1} = 0, \text{当} \gamma_t \neq 0, t = 1, 2, \cdots, T-1 \text{时}$$
$$H_0^6 : \gamma_1 = \gamma_2 = \cdots = \gamma_{T-1} = 0, \text{当} \lambda_i \neq 0, i = 1, 2, \cdots, N-1 \text{时}$$

在假设 H_0^4 成立时，经常采用的检验统计量 F 统计量为

$$F_4 = \frac{(\text{RRSS} - \text{URSS})/(N+T-2)}{\text{URSS}/((N-1)(T-1) - K + 1)} \sim F(N+T-2, (N-1)(T-1) - K + 1)$$

其中，RRSS 为有约束模型 $Y = X\beta + U$ 的残差平方和，URSS 为无约束模型 $Y = (I_N \otimes \iota_T)\lambda + (\iota_N \otimes I_T)\gamma + X\beta + U, i = 1, 2, \cdots, N; t = 1, 2, \cdots, T$ 的残差平方和。

在假设 H_0^5 成立时，经常采用的检验统计量为 F 统计量：

$$F_5 = \frac{(\text{RRSS} - \text{URSS})/(N-1)}{\text{URSS}/((N-1)(T-1) - K + 1)} \sim F(N-1, (N-1)(T-1) - K + 1)$$

其中，RRSS 为有约束模型 $Y = X\beta + U$ 的残差平方和，URSS 为无约束模型 $Y = (\iota_N \otimes I_T)\gamma + X\beta + U, i = 1, 2, \cdots, N; t = 1, 2, \cdots, T$ 的残差平方和。

在假设 H_0^6 成立时，经常采用的检验统计量为 F 统计量：

$$F_6 = \frac{(\text{RRSS} - \text{URSS})/(T-1)}{\text{URSS}/((N-1)(T-1) - K + 1)} \sim F(T-1, (N-1)(T-1) - K + 1)$$

其中，RRSS 为有约束模型 $Y = X\beta + U$ 的残差平方和，URSS 为无约束模型 $Y = (I_N \otimes \iota_T)\lambda + X\beta + U, i = 1,2,\cdots,N; t = 1,2,\cdots,T$ 的残差平方和。

（5）个体随机效应模型设定检验

原假设和备择假设为

$$H_0: \sigma_u = 0, 混合回归模型$$
$$H_1: \sigma_u \neq 0, 个体随机效应模型$$

经常采用的检验统计量为 Breusch 和 Pagan 在 1980 年提出的 LM 统计量：

$$LM = \frac{NT}{2(T-1)}\left[\frac{\hat{\varepsilon}'(I_N \otimes J_T)\hat{\varepsilon}}{\hat{\varepsilon}'\hat{\varepsilon}}\right]^2 = \frac{NT}{2(T-1)}\left[\frac{\sum_{i=1}^{N}\left[\sum_{t=1}^{T}\hat{\varepsilon}_{it}\right]^2}{\sum_{i=1}^{N}\sum_{t=1}^{T}\hat{\varepsilon}_{it}^2} - 1\right]^2$$

其中，$\hat{\varepsilon}_{it}$ 为混合模型 $Y = X\beta + U$ 最小二乘法估计的残差。

在原假设成立时，$LM \sim \chi^2(1)$。

（6）个体时间随机效应模型设定检验

原假设和备择假设为

$$H_0: \sigma_u^2 = \sigma_v^2 = 0, 混合回归模型$$
$$H_1: \sigma_u^2 \neq 0 或者 \sigma_v^2 \neq 0, 随机效应模型$$

经常采用的检验统计量为 Breusch 和 Pagan 在 1980 年提出的 LM 统计量：

$$LM = \frac{NT}{2}\left\{\frac{1}{T-1}\left[\frac{\hat{\varepsilon}'(I_N \otimes J_T)\hat{\varepsilon}}{\hat{\varepsilon}'\hat{\varepsilon}} - 1\right]^2 + \frac{1}{N-1}\left[\frac{\hat{\varepsilon}'(I_N \otimes J_T)\hat{\varepsilon}}{\hat{\varepsilon}'\hat{\varepsilon}} - 1\right]^2\right\}$$

$$= \frac{NT}{2}\left\{\frac{1}{T-1}\left[\frac{\sum_{i=1}^{N}\left[\sum_{t=1}^{T}\hat{\varepsilon}_{it}\right]^2}{\sum_{i=1}^{N}\sum_{t=1}^{T}\hat{\varepsilon}_{it}^2} - 1\right]^2 + \frac{1}{N-1}\left[\frac{\sum_{i=1}^{N}\left[\sum_{t=1}^{T}\hat{\varepsilon}_{it}\right]^2}{\sum_{i=1}^{N}\sum_{t=1}^{T}\hat{\varepsilon}_{it}^2} - 1\right]^2\right\}$$

其中，$\hat{\varepsilon}_{it}$ 为混合模型 $Y = X\beta + U$ 最小二乘法估计的残差。

在原假设成立时，$LM \sim \chi^2(2)$。

（7）Hausman 检验

为了检验面板数据模型设定过程中采用固定效应还是随机效应，Hausman[1]

[1] Hausman J. A. Specification Tests in Econometrics[J]. Econometrica, 1978(11), 1251-1271.

（1978）、Hausman 和 Taylor[1]（1981）构造了 Hausman 检验统计量。

原假设和备择假设为

$$H_0:E(\varepsilon_{it}|X_{it})=0$$
$$H_1:E(\varepsilon_{it}|X_{it})\neq 0$$

检验统计量为

$$m_i=\hat{q}_i'V_i^{-1}\hat{q}_i,i=1,2,3$$

其中，$V_i=\mathrm{VAR}(\hat{q}_i),i=1,2,3$，$\hat{q}_1=\hat{\beta}_{GLS}-\hat{\beta}_w$，$\hat{q}_2=\hat{\beta}_{GLS}-\hat{\beta}_b$，$\hat{q}_3=\hat{\beta}_w-\hat{\beta}_b$，$\hat{\beta}_{GLS}$ 为随机效应模型 GLS 估计量，$\hat{\beta}_w$ 为固定效应模型的组内估计量，$\hat{\beta}_b$ 为固定效应模型的组间估计量。

在原假设成立时，$m_i\rightarrow\chi^2(K)$。

3.2 国际贸易对制造业行业经济的影响

国际贸易是联系国内外市场的桥梁，国际贸易的发展对我国的行业经济产生了深远的影响。开展国际贸易可以互通有无，促进我国经济的快速发展，还可以通过引进先进技术和管理手段，改善我国的产品结构，促进我国产业结构的升级换代。但作为我国这样一个发展中大国来说，各个行业之间存在较大差距，国际贸易对各行业的影响作用也可能存在着一定的差异。下面将对我国制造业的各行业贸易情况进行研究，探讨不同行业贸易对各行业经济的影响，分析国际贸易对我国制造业各行业经济的影响、国际贸易影响的行业差异，并分析这种差异产生的原因。

3.2.1 我国对外贸易总体现状

1.我国对外贸易规模分析

改革开放以来，我国的对外贸易取得了很大发展，贸易规模迅速扩大，进出口总额从1978年的355亿元增长到2012年的244160.21亿元，年均增长21.19%；出口总额从1978年的167.6亿元增长到2012年的129359.25，年均增长21.6%；进

---

❶ Hausman J. A, Taylor William E. Panel Data and Unobservable Individual Effects [J]. Econometrica, 1981, 49(6): 1377–1398.

口总额从 1978 年的 187.4 亿元增长到 2012 年的 114800.96 亿元，年均增长 20.77%。

表 3-1　1978—2012 年中国贸易总额　　　　　单位：亿元

年份	进出口总额	出口总额	进口总额	进出口差额
1978	355.00	167.60	187.40	−19.80
1979	454.60	211.70	242.90	−31.20
1980	570.00	271.20	298.80	−27.60
1981	735.30	367.60	367.70	−0.10
1982	771.30	413.80	357.50	56.30
1983	860.10	438.30	421.80	16.50
1984	1201.00	580.50	620.50	−40.00
1985	2066.70	808.90	1257.80	−448.90
1986	2580.40	1082.10	1498.30	−416.20
1987	3084.20	1470.00	1614.20	−144.20
1988	3821.80	1766.70	2055.10	−288.40
1989	4156.00	1956.10	2199.90	−243.80
1990	5560.10	2985.80	2574.30	411.50
1991	7225.80	3827.10	3398.70	428.40
1992	9119.60	4676.30	4443.30	233.00
1993	11271.00	5284.80	5986.20	−701.40
1994	20381.90	10421.80	9960.10	461.70
1995	23499.90	12451.80	11048.10	1403.70
1996	24133.80	12576.40	11557.40	1019.00
1997	26967.20	15160.70	11806.50	3354.20
1998	26849.70	15223.60	11626.10	3597.50
1999	29896.20	16159.80	13736.40	2423.40
2000	39273.20	20634.40	18638.80	1995.60
2001	42183.60	22024.40	20159.20	1865.20
2002	51378.20	26947.90	24430.30	2517.60

年份	进出口总额	出口总额	进口总额	进出口差额
2003	70483.50	36287.90	34195.60	2092.30
2004	95539.10	49103.30	46435.80	2667.50
2005	116921.80	62648.10	54273.70	8374.40
2006	140974.00	77597.20	63376.86	14220.34
2007	166863.70	93563.60	73300.10	20263.50
2008	179921.47	100394.94	79526.53	20868.41
2009	150648.06	82029.69	68618.37	13411.32
2010	201722.15	107022.84	94699.30	12323.54
2011	236401.99	123240.60	113161.40	10079.20
2012	244160.21	129359.25	114800.96	14558.29

资料来源：中经网统计数据库。

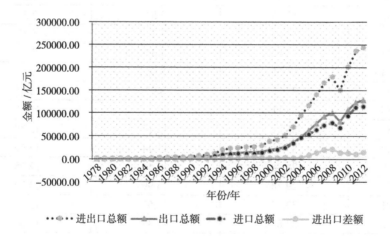

图3-1　1978—2012年中国进出口贸易总额趋势图

从表3-1和图3-1可以看出，自1978年以来，无论是进口额、出口额还是进出口总额，都获得了很大的增长，按其变化趋势大致可以分为四个阶段：1978—1992年为第一阶段，为稳健增长期，对外贸易逐年增长，从1978年的206.4亿美元增长到1993年的1957亿美元，进出口总额年均增长16.17%，出口额年均增长16.12%，进口额年均增长16.23%；1994—2001年为第二阶段，改革开放深入发展，对外贸易的规模上了一个台阶，进出口总额年均增长 11.58%，出口额年均增长 11.92%，进口额年均增长 11.23%；2002—2008 年，由于加入 WTO，对外贸易进入了快速增长期，进出口总额年均增长 19.87%，出口额年均增长 20.51%，进口额年均增长 19.14%；2009 年由于受金融危机的影响，对外贸易出现下滑，随后又开始呈现快速增长势头。

2.外贸依存度分析

外贸依存度是衡量和评估一国或地区经济开放度的重要指标，通过度量进出口、进口或出口在 GDP 或 GNP 中所占的比例来反映一国或地区对外贸易对经济的影响和依赖程度。

表 3-2　1978—2012 年中国外贸依存度

年份	外贸依存度（%）	出口依存度（%）	进口依存度（%）
1978	9.74	4.60	5.14
1979	11.19	5.21	5.98
1980	12.54	5.97	6.57
1981	15.03	7.51	7.52
1982	14.49	7.77	6.72
1983	14.42	7.35	7.07
1984	16.66	8.05	8.61
1985	22.92	8.97	13.95
1986	25.11	10.53	14.58
1987	25.58	12.19	13.39
1988	25.41	11.74	13.66
1989	24.46	11.51	12.95
1990	29.78	15.99	13.79
1991	33.17	17.57	15.60
1992	33.87	17.37	16.50
1993	31.90	14.96	16.94
1994	42.29	21.62	20.67
1995	38.66	20.48	18.17
1996	33.91	17.67	16.24
1997	34.15	19.20	14.95
1998	31.81	18.04	13.77
1999	33.34	18.02	15.32
2000	39.58	20.80	18.79
2001	38.47	20.09	18.38

续表

年份	外贸依存度（%）	出口依存度（%）	进口依存度（%）
2002	42.70	22.39	20.30
2003	51.89	26.72	25.18
2004	59.76	30.71	29.04
2005	63.22	33.88	29.35
2006	65.17	35.87	29.30
2007	62.78	35.20	27.58
2008	57.29	31.97	25.32
2009	44.19	24.06	20.13
2010	50.24	26.65	23.59
2011	49.97	26.05	23.92
2012	47.05	24.93	22.12

资料来源：按中经网统计数据库资料计算。

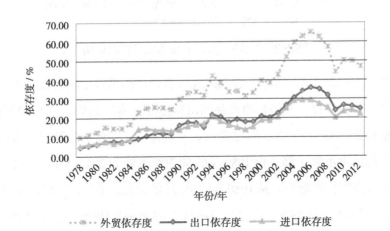

图3-2 1978—2012年中国外贸依存度

从表3-2和图3-2来看，伴随着我国对外贸易的蓬勃发展，对外贸易对我国经济的影响力越来越大，外贸依存度不断增长，1978—1990年外贸依存度在30%以下，1991—2001年外贸依存度不断提高，从30%增长到40%，2002—2009年外贸依存度迅速提高，从40%增长到2006年的65.17%，之后受金融危机的影响有所下降，但仍保持在40%以上。可以看出对外贸易在我国经济中的影响力越来越大，对外贸易对我国经济发展的促进作用越来越明显。

3.2.2 我国对外贸易产品的结构情况

随着我国经济的发展和改革开放的深入，我国的产业结构不断调整，我国正逐渐由农业经济向工业经济方向转化，与之相适应，我国对外贸易的产品结构也发生了很大变化，我国出口的产品逐步由初级产品与工业制成品大致相当转变为以工业制成品出口为主。

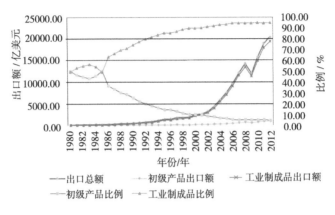

图3-3　1980—2012年我国出口产品结构

由图3-3可以看出，改革开放以来我国出口产品总额不断增长，出口产品的结构发生了很大变化。我国初级产品的出口金额呈增长趋势，从1980年的91.14亿美元增长到2012年的1005.58亿美元，年均增长7.79%，初级产品出口在总出口中所占的比重不断下降，由1980年的50.30%下降为2012年的4.91%；工业制成品的出口金额快速增长，从1980年的90.05亿美元，增长到2012年的19481.56亿美元，年均增长18.29%，在总出口中所占的比例呈快速上升的趋势。从两种产品的比例趋势可以看出，1980—1985年我国初级产品出口和工业制成品出口大致相当，1986年以后工业制成品的比例大幅度增长，而初级产品的出口呈逐年下降趋势。这与我国的产业结构调整有直接关系，改革开放初期，我国的工业基础较差，随着经济的持续发展和产业结构不断调整，工业在我国经济中的重要性逐年上升，相应的工业制成品的出口比例不断攀升。

由图3-4可以看出，我国进口产品总额不断增长，进口产品的结构也发生了很大变化。我国初级产品的进口金额呈增长趋势，从1980年的69.59亿美元增长到2012年的6349.34亿美元，年均增长15.15%，初级产品进口在总进口中所占的比重先下降然后逐渐上升，首先由1980年的34.77%下降为1993年的13.67%，然后逐渐上升到2012年的34.92%。工业制成品的进口金额快速增长，从1980年的130.58亿美元，增长到2012年的11834.71亿美元，年均增长15.12%，在总进口中所占的比重先上升然后保持在65%以上。从这两种产品的比例趋势可以看出，随着经济的发展，我国对工业品的需求增加，使得初级产品进口所占的比重有所下降，之后随着经济规模的不断扩大，我国对农产品、能源和工业原料的需求不断上升，使得初级产品的进口比例出现一定的回升，但进口中仍以工业制成品为主。

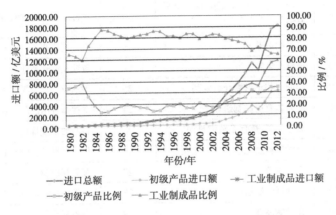

图3-4 1980—2012年中国进口产品结构

3.2.3 指标设置

为了表述方便，采用国民经济行业分类与代码GB/T 4754-2002的行业代码的前两位代表相应行业，为了前后对应，将GB 2002代码表与GB 21994代码表进行对照，见表3-3。

表3-3 行业代码表

	GB/T 4754-2002	名 称	GB/T 4754-1994	名 称
采掘业	0600	煤炭开采和洗选业	06	煤炭采选业
	0700	石油和天然气开采业	07	石油和天然气开采业
	0800	黑色金属矿采选业	08	黑色金属矿采选业
	0900	有色金属矿采选业	09	有色金属矿采选业
	1000	非金属矿采选业	10	非金属矿采选业
	1100	其他采矿业	12	木材及竹材采运业

续表

GB/T 4754-2002	名　称	GB/T 4754-1994	名　称
制造业 1300	农副食品加工业	13	食品加工业
1400	食品制造业	14	食品制造业
1500	饮料制造业	15	饮料制造业
1600	烟草制品业	16	烟草加工业
1700	纺织业	17	纺织业
1800	纺织服装、鞋、帽制造业	18	服装及其他纤维制品制造业
1900	皮革、毛皮、羽毛(绒)及其制品业	19	皮革、毛皮、羽绒及其制品业
2000	木材加工及木、竹、藤、棕、草制品业	20	木材加工及竹、藤、棕、草制品业
2100	家具制造业	21	家具制造业
2200	造纸及纸制品业	22	造纸及纸制品业
2300	印刷业和记录媒介的复制	23	印刷业，记录媒介的复制
2400	文教体育用品制造业	24	文教体育用品制造业
2500	石油加工、炼焦及核燃料加工业	25	石油加工及炼焦业
2600	化学原料及化学制品制造业	26	化学原料及化学制品制造业
2700	医药制造业	27	医药制造业
2800	化学纤维制造业	28	化学纤维制造业
2900	橡胶制品业	29	橡胶制品业
3000	塑料制品业	30	塑料制品业
3100	非金属矿物制品业	31	非金属矿物制品业
3200	黑色金属冶炼及压延加工业	32	黑色金属冶炼及压延加工业
3300	有色金属冶炼及压延加工业	33	有色金属冶炼及压延加工业
3400	金属制品业	34	金属制品业
3500	通用设备制造业	35	普通机械制造业
3600	专用设备制造业	36	专用设备制造业
3700	交通运输设备制造业	37	交通运输设备制造业
3900	电气机械及器材制造业	40	电气机械及器材制造业
4000	通信设备、计算机及其他电子设备制造业	41	电子及通信设备制造业
4100	仪器仪表及文化、办公用机械制造业	42	仪器仪表及文化、办公用机械制造业
4200	工艺品及其他制造业	43	其他制造业
4300	废弃资源和废旧材料回收加工业		

	GB/T 4754-2002	名　称	GB/T 4754-1994	名　称
电力、燃气及水的生产和供应业	4400	电力、热力的生产和供应业	44	电力、蒸汽、热水的生产和供应业
	4500	燃气生产和供应业	45	煤气生产和供应业
	4600	水的生产和供应业	46	自来水的生产和供应业

资料来源：国民经济行业分类与代码GB/T 4754-2002，国民经济行业分类与代码GB/T 4754-1994。

为了叙述方便采用以下符号来表示各相应指标，各指标及其表示符号见表3-4。

表3-4　指标变量表

指标	代码	指标	代码
年份	year	固定资产净值年平均余额	x_6
行业名称	mc	负债合计	x_7
行业代码	i	所有者权益合计	x_8
工业总产值	y	实收资本	x_9
工业销售产值	y_1	国家资本	x_{10}
出口交货值	x_1	港澳台资本	x_{11}
资产合计	x_2	外商资本	x_{12}
流动资产	x_3	产品销售收入	x_{13}
流动资产年平均余额	x_4	利润总额	x_{14}
固定资产小计	x_5	全部从业人员年平均人数	x_{15}

注：各行业详细数据见附录。

自2001年加入WTO以来，我国的制造业取得了很大的进步，进入了一个较快的增长阶段，我国制造业的工业总产值、工业销售产值、出口交货值、产品销售收入和利润总额逐年攀升，所有者权益、外商资本和港澳台资本也得到了很大的提高。我国的制造业进入了一个快速发展的阶段，但出口和利用外资是否在制造业的快速发展中起到关键性的作用，还有待进一步分析和验证。本小节将采用面板数据模型研究我国制造业出口对制造业经济发展的影响，探讨各行业间是否存在明显差异，研究各行业利用外商投资对各行业出口的影响作用如何，进而分

析其对制造业行业经济发展的间接影响。

3.2.4 理论模型

为了探讨制造业各行业出口对行业经济的影响，并探讨各行业之间是否存在明显差异，根据第2章的分析，构建的理论模型为

$$Y = A(t)L^{\alpha}K^{\beta}EX^{\gamma}\mu$$

其中，$A(t)$ 为技术进步，L 为投入的劳动力，K 为投入的资本，EX 为出口，α 为劳动力弹性系数，β 为资本弹性系数，γ 为出口弹性，μ 为随机扰动项。

3.2.5 数据预处理

为了使数据具有可比性，对各原始数据利用价格指数进行平减，其中，工业总产值采用工业品出厂价格指数进行平减；工业品销售产值、出口交货值和产品销售收入等三个指标采用商品零售价格指数进行平减；资产合计、流动资产合计、流动资产年平均余额、固定资产合计、固定资产净值年平均余额、所有者权益合计、实收资本、国家资本、港澳台资本和外商资本等十个指标采用固定资产投资价格指数进行平减；负债合计和利润总额等两个指标采用居民消费价格指数进行平减。

相应的价格指数见表3-5。

表3-5 价格指数表

年份	居民消费价格指数	商品零售价格指数	工业生产者出厂价格指数	燃料、动力类生产者购进价格指数	固定资产投资价格指数
1995	183.41	222.97	222.90	230.42	186.90
1996	198.66	231.67	231.60	253.93	194.30
1997	204.21	234.68	234.60	277.54	197.60
1998	202.59	224.82	224.70	275.04	197.30
1999	199.72	217.40	217.30	277.52	196.50
2000	200.55	228.49	228.40	320.26	198.60
2001	201.94	228.03	227.90	320.90	199.40
2002	200.32	222.79	222.70	321.22	199.80
2003	202.73	233.48	233.40	344.99	204.20

年份	居民消费价格指数	商品零售价格指数	工业生产者出厂价格指数	燃料、动力类生产者购进价格指数	固定资产投资价格指数
2004	210.63	260.10	260.00	378.45	215.70
2005	214.42	281.69	281.60	435.22	219.10
2006	217.65	298.59	298.50	487.01	222.40
2007	228.10	311.73	311.60	507.95	231.10
2008	241.54	344.46	344.30	612.59	251.80
2009	239.83	317.25	317.20	546.43	245.80
2010	247.74	347.70	347.70	635.50	254.60
2011	261.09	379.34	379.30	704.14	271.40
2012	267.88	372.52	372.50	710.47	274.40

注：基期为1990年。

资料来源：国家统计局统计数据库。

3.2.6 模型建立与模型选择

本小节采用SAS软件的The TSCSREG Procedure模块进行分析，主要采用固定效应模型和随机效应模型进行分析，通过进行一系列模型设定检验，最后选择合适的分析模型。

1.混合回归模型

首先，在不考虑约束条件的情况下，进行混合回归分析，利用SAS软件建立模型，见表3-6~表3-8。

表3-6　混合模型方差分析表

Source	DF	Sum of Squares	Mean Square	F Value	Pr> F
Model	4	4156602912	1039150728	460.89	<.0001
Error	391	881572163	2254660		
Corrected Total	395	5038175075			

表3-7　混合模型拟合效果表

统计量	值	统计量	值
Root MSE	1501.55262	R-Square	0.825
Dependent Mean	3245.61419	Adj R-Sq	0.8232
Coeff Var	46.26405		

表3-8 混合模型方程估计系数表

Variable	Parameter Estimate	Standard Error	t Value	Pr > |t|
Intercept	412.8118	108.4575	3.81	0.0002
x_1	0.91745	0.06832	13.43	<.0001
x_2	0.94619	0.16519	5.73	<.0001
x_7	−0.59793	0.25698	−2.33	0.0205
x_{15}	0.17865	0.1661	1.08	0.2828

得出的混合回归方程为

$$y = 412.8118 + 0.91745x_1 + 0.94619x_2 - 0.59793x_7 + 0.17865x_{15}$$
$$(13.43) \qquad (5.73) \qquad (-2.33) \qquad (1.08)$$

但从表3-6、表3-7和表3-8来看，建立混合回归模型是不合适的，尽管 R^2 和调整后的 R^2 均大于0.82，并且方程 F 检验的 p 值小于0.001，方程整体上通过了显著性检验，但是方程中 x_{15} 的系数不显著。著者以为这主要是因为各个行业之间存在较大差距造成的，不适合做混合回归。下面将尝试建立固定效应模型和随机效应模型。

2.固定效应模型

由于不适合采用混合回归模型，下面尝试建立固定效应模型，首先建立行业固定效应模型，利用SAS软件得以下数据。

（1）行业固定效应模型

利用SAS软件建立行业固定效应模型，见表3-9~表3-12。

表3-9 行业固定效应拟合统计量

统计量	值	统计量	值
SSE	145734533.1	DFE	356
MSE	409366.6661	Root MSE	639.8177
R-Square	0.9842		

表3-10 行业固定效应方程估计系数表

Variable	Estimate	Standard Error	t Value	Pr > |t|	dm
CS1	−1887.15	227.8	−8.28	<.0001	06
CS2	−2156.45	241.4	−8.93	<.0001	07

Variable	Estimate	Standard Error	t Value	Pr > |t|	dm
CS3	−173.855	194.3	−0.89	0.3715	08
CS4	−50.402	193.6	−0.26	0.7948	09
CS5	5.973578	193.2	0.03	0.9754	10
CS6	2099.216	201.4	10.43	<.0001	13
CS7	138.186	196	0.71	0.4813	14
CS8	−381.872	198	−1.93	0.0546	15
CS9	−772.635	209.3	−3.69	0.0003	16
CS10	370.1789	212.5	1.74	0.0823	17
CS11	235.7328	202.1	1.17	0.2443	18
CS12	282.977	197.2	1.44	0.1521	19
CS13	245.9793	193.7	1.27	0.205	20
CS14	29.58967	193.7	0.15	0.8787	21
CS15	−332.619	196.4	−1.69	0.0913	22
CS16	−232.914	194	−1.2	0.2306	23
CS17	−29.323	194.3	−0.15	0.8801	24
CS18	1879.287	201.7	9.32	<.0001	25
CS19	−500.529	245.9	−2.04	0.0425	26
CS20	−936.788	206.3	−4.54	<.0001	27
CS21	−46.3434	193.7	−0.24	0.8111	28
CS22	−15.9459	193.7	−0.08	0.9344	29
CS23	31.76877	197.7	0.16	0.8724	30
CS24	−494.126	217.1	−2.28	0.0234	31
CS25	−36.5175	248.2	−0.15	0.8831	32
CS26	679.0419	202.4	3.35	0.0009	33
CS27	367.7827	199.8	1.84	0.0665	34
CS28	−63.0602	211.9	−0.3	0.7662	35
CS29	−433.54	202.2	−2.14	0.0327	36
CS30	−620.913	239.3	−2.59	0.0099	37
CS31	335.0482	224.5	1.49	0.1365	40
CS32	−737.409	465.6	−1.58	0.1142	41

续表

Variable	Estimate	Standard Error	t Value	Pr > |t|	dm
CS33	−244.235	195.8	−1.25	0.2131	43
CS34	−9800.92	370.6	−26.45	<.0001	44
CS35	−331.828	193.4	−1.72	0.0871	45
CS36	−1227.53	196.5	−6.25	<.0001	46
x_1	0.53059	0.0732	7.25	<.0001	
x_2	1.567595	0.0925	16.95	<.0001	
x_7	−1.1714	0.1396	−8.39	<.0001	
x_{15}	−0.22606	0.0793	−2.85	0.0046	

表3-11 F Test for No Fixed Effects and No Intercept

Num DF	Den DF	F Value	Pr > F
36	356	52.15	<.0001

表3-12 行业固定效应Greene检验方法

ee1	ee2	F	Fcrit	result
881572163	145734533.1	51.3572	1.45632	Yes Fix Effect

由表3-9和表3-10可以看出，模型拟合效果不错，R^2达到0.9842，各变量系数基本上都通过了显著性检验。

由表3-11和表3-12可以看出，SAS软件自动输出的固定效应检验的F统计量为52.15，对应p值小于0.001。为了保持研究结果的严谨性，编写SAS程序估计依据Greene方法构造的固定效应检验的F统计量为51.3572，大于临界值1.45632，说明存在行业固定效应，建立行业固定效应模型比建立混合模型更为合适。

由行业固定效应模型可以看出，制造业各行业出口的发展推动了制造业各行业的经济发展，出口每增长1个单位，工业总产值将增加0.53059个单位，出口贸易的发展不但为各行业提供了更广阔的市场，并且由于国外消费者更为挑剔，促使各行业不断提高生产技术水平，加速了各行业的产业升级。各个行业的截距

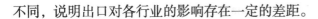

不同，说明出口对各行业的影响存在一定的差距。

（2）时间固定效应模型

为寻找最优模型，下面建立时间固定效应模型，利用SAS软件得以下数据，见表3-13~表3-16。

表3-13 时间固定效应拟合统计量

统计量	值	统计量	值
SSE	777217104.5	DFE	381
MSE	2039939.907	Root MSE	1428.2646
R-Square	0.9156		

表3-14 时间固定效应方程估计系数表

Variable	Estimate	Standard Error	t Value	$Pr > \|t\|$	year
CS1	−49.876	241.9	−0.21	0.8367	2001
CS2	43.04017	242.2	0.18	0.859	2002
CS3	147.3306	242.8	0.61	0.5443	2003
CS4	247.2619	244.9	1.01	0.3133	2004
CS5	356.2095	246.8	1.44	0.1497	2005
CS6	442.1314	250.4	1.77	0.0783	2006
CS7	687.132	255.7	2.69	0.0075	2007
CS8	896.7747	255	3.52	0.0005	2008
CS9	1179.674	262.9	4.49	<.0001	2009
CS10	1386.086	272.3	5.09	<.0001	2010
CS11	1731.652	273.9	6.32	<.0001	2011
x_1	0.917941	0.0651	14.1	<.0001	−
x_2	0.688309	0.1624	4.24	<.0001	−
x_7	−0.25467	0.2508	−1.02	0.3106	−
x_{15}	0.109455	0.1594	0.69	0.4928	−

表3-15 F Test for No Fixed Effects and No Intercept

Num DF	Den DF	F Value	$Pr > F$
11	381	6.11	<.0001

表3-16　Greene检验方法

ee1	ee2	F	Fcrit	result
881572163	777217104.5	5.11559	1.85558	yes TIME effect

由表3-13可以看出，模型拟合效果不错，R^2达到0.9156。由表3-15和表3-16可以看出，SAS软件自动输出的固定效应检验的F统计量为6.11，对应p值小于0.001。为了保持研究的严谨性，编写SAS程序估计依据Greene方法构造的固定效应检验的F统计量为5.11559，大于临界值1.85558，说明存在时间固定效应。但由表3-14可以看出，x_7和x_{15}的系数t统计量的p值大于0.05，没有通过显著性检验，因此建立时间固定效应模型是不合适的。

3.随机效应模型

（1）行业随机效应模型

前面建立了混合回归模型和固定效应模型，但前面建立的模型是否就是最优模型仍未可知，下面建立行业随机效应模型，利用SAS软件得以下数据，见表3-17~表3-20。

表3-17　行业随机效应拟合统计量

统计量	值	统计量	值
SSE	167621629	DFE	391
MSE	428699.8184	Root MSE	654.75
R-Square	0.9131		

表3-18　行业随机效应方程估计系数表

Variable	Estimate	Standard Error	t Value	Pr > |t|
Intercept	−354.737	250.3	−1.42	0.1572
x_1	0.578032	0.0715	8.09	<.0001
x_2	1.522558	0.0938	16.24	<.0001
x_7	−1.13181	0.1419	−7.98	<.0001
x_{15}	−0.20533	0.0809	−2.54	0.0115

表3-19 行业随机效应方差成分估计

方差成分	值
Variance Component for Cross Sections	1996079
Variance Component for Error	409366.7

表3-20 行业随机效应随机效应Hausman检验

DF	m Value	$\text{Pr} > m$
1	8.94	0.0028

由表3-17可以看出，模型拟合效果不错，R^2达到0.9131（小于行业固定效应R^2）。由表3-19和表3-20可以看出，检验随机效应的Hausman-m统计量为14.68，对应p值为0.0028，小于0.01，说明存在行业随机效应。由表3-18可以看出，各变量系数t统计量的p值都小于0.05。

（2）时间随机效应模型

利用SAS软件建立时间随机效应模型，见表3-21~表3-24。

表3-21 时间随机效应拟合统计量

统计量	值	统计量	值
SSE	800305008.3	DFE	391
MSE	2046815.878	Root MSE	1430.6697
R–Square	0.8095		

表3-22 时间随机效应方程估计系数表

Variable	Estimate	Standard Error	t Value	$\text{Pr} > |t|$
Intercept	591.4361	182.2	3.25	0.0013
x_1	0.917895	0.0652	14.08	<.0001
x_2	0.746068	0.1615	4.62	<.0001
x_7	−0.33167	0.2498	−1.33	0.1851
x_{15}	0.12427	0.1594	0.78	0.4361

表3-23 时间随机效应方差成分估计

方差成分	值
Variance Component for Cross Sections	237794
Variance Component for Error	2039940

表3-24 时间随机效应Hausman检验

DF	m Value	$Pr > m$
3	13.63	0.0035

由表3-21可以看出，模型拟合效果不错，R^2 达到0.8095（小于行业固定效应模型的 R^2）。由表3-24可以看出，检验随机效应的 Hausman-m 统计量为13.63，对应 p 值为0.0035，小于0.01，说明存在时间随机效应。由表3-22可以看出，x_7 和 x_{15} 的 t 统计量的 p 值均大于0.05，没有通过显著性检验，因此建立时间随机效应模型是不合适的。

综上，行业固定效应模型是比较合理的模型，应该采用固定效应模型进行分析。

3.3 外商投资对国际贸易的影响

3.2节分析了制造业各行业出口对各行业经济发展的影响，主要是单独考虑出口对制造业各行业经济的影响。目前，贸易和投资加速融合，出现了贸易投资一体化的趋势，外商投资的大量进入对我国的贸易产生了很大的影响，改变了我国对外贸易的商品结构和贸易方式，并进一步通过国际贸易间接影响到我国经济的发展。本节将分析制造业各行业外商投资对行业出口的影响。

3.3.1 我国实际利用外商投资情况

改革开放以来，我国实际利用外商投资获得了很大发展，规模迅速扩大，实际利用外资金额从1983年的22.6亿美元增长到2012年的1132.94亿美元（表3-25），年均增长14.45%；外商直接投资实际利用外资金额从1978年的9.2亿美元增长到2012年的1117.16亿美元，年均增长18%；外商其他投资实际利用外资金额从1978年的2.8亿美元增长到2012年的15.78亿美元，年均增长6.14%。

表3-25 1983—2012年实际利用外商投资   单位:亿美元

年份	实际利用外资金额	外商直接投资实际利用外资金额	外商其他投资实际利用外资金额
1983	22.6	9.2	2.8
1984	28.7	14.2	1.61

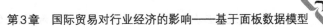

续表

年份	实际利用 外资金额	外商直接投资实际利用 外资金额	外商其他投资实际利用 外资金额
1985	47.6	19.56	2.98
1986	76.28	22.44	3.7
1987	84.52	23.14	3.33
1988	102.26	31.94	5.45
1989	100.6	33.92	3.81
1990	102.89	34.87	2.68
1991	115.54	43.66	3
1992	192.03	110.08	2.84
1993	389.6	275.15	2.56
1994	432.13	337.67	1.79
1995	481.33	375.21	2.85
1996	548.05	417.26	4.1
1997	644.08	452.57	71.3
1998	585.57	454.63	20.94
1999	526.59	403.19	21.28
2000	593.56	407.15	86.41
2001	496.72	468.78	27.94
2002	550.11	527.43	22.68
2003	561.4	535.05	26.35
2004	640.72	606.3	34.42
2005	638.05	603.25	34.8
2006	670.76	630.21	40.55
2007	783.39	747.68	35.72
2008	952.53	923.95	28.58
2009	918.04	900.33	17.71
2010	1088.21	1057.35	30.86
2011	1176.98	1160.11	16.87
2012	1132.94	1117.16	15.78

资料来源：中经网统计数据库。

外商投资的发展对国际贸易产生了深远的影响，外资企业当中相当一部分是外向型企业，外商投资企业的进出口在全部进出口中所占的比重不断提升，现在

已经占到全部进出口的半壁江山。

表 3-26　1992—2012 年中国外商投资企业进出口

年份	外商投资企业进出口			外商投资企业占全部企业的比例		
	进出口额（亿美元）	出口额（亿美元）	进口额（亿美元）	进出口额（%）	出口额（%）	进口额（%）
1992	437.27	173.56	263.71	26.42	20.43	32.72
1993	670.70	252.37	418.33	34.27	27.51	40.24
1994	876.47	347.13	529.34	37.04	28.69	45.79
1995	1098.19	468.76	629.43	39.10	31.51	47.65
1996	1371.10	615.06	756.04	47.30	40.72	54.46
1997	1526.21	749.00	777.21	46.94	40.98	54.59
1998	1576.79	809.62	767.17	48.67	44.07	54.71
1999	1745.11	886.28	858.84	48.39	45.47	51.83
2000	2367.14	1194.41	1172.73	49.91	47.93	52.10
2001	2590.61	1332.18	1258.43	50.83	50.06	51.67
2002	3302.39	1699.85	1602.54	53.20	52.21	54.29
2003	4721.70	2403.06	2318.64	55.48	54.84	56.17
2004	6630.40	3385.92	3244.48	57.43	57.07	57.81
2005	8316.39	4441.83	3874.56	58.49	58.30	58.71
2006	10362.69	5637.79	4724.90	58.86	58.18	59.70
2007	12551.64	6953.71	5597.93	57.67	56.98	58.55
2008	14099.21	7904.93	6194.28	55.01	55.25	54.69
2009	12174.78	6720.74	5454.04	55.15	55.93	54.22
2010	16006.15	8622.29	7383.86	53.82	54.65	52.88
2011	18598.99	9952.27	8646.72	51.07	52.43	49.59
2012	18941.20	10226.20	8715.00	48.98	49.92	47.93

资料来源：中经网统计数据库。

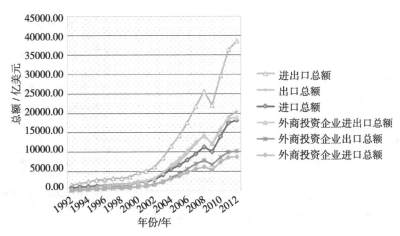

图3-5 1992—2012年中国外商投资企业进出口

由表3-26和图3-5可以看出，无论是进出口、出口还是进口在加入WTO以后都产生了较快的增长。外商投资企业的进出口在1992—2012年期间增长迅速，在国民经济中的比重越来越大。进出口总额从1992年的437.27亿美元增长到2012年的18941.2亿美元，年均增长20.73%，外商投资企业占全部企业的比重由1992年的26.42%增长到2006年的58.86%，之后，受金融危机的影响，比重有所下降，到2012年比重变为48.98%。出口额从1992年的173.56亿美元增长到2012年的10226.2亿美元，年均增长22.61%，受金融危机的影响，2009年有所下滑，所占的比重由1992年的20.43%增长到2005年的58.30%，之后有所下降，到2012年变为49.92%。进口额从1992年的263.71亿美元增长到2012年的8715亿美元，年均增长19.11%，外商投资企业占全部企业的比重从1992年的32.72%增长到2006年的59.70%，之后有所下降，到2012年变为47.93%。

3.3.2 我国行业外商投资情况

我国利用的外商投资具有很强的行业集中性，图3-6为我国各行业各年度实际利用外商投资线图。

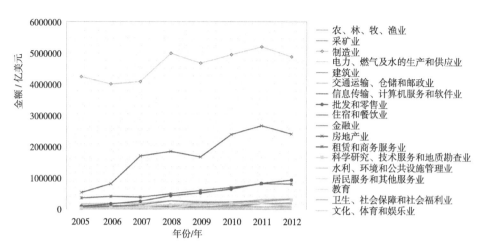

图3-6　2005—2012年我国各行业实际利用外资

由图3-6可以看出，制造业是外商直接投资的主要行业，占全部外商直接投资的70.37%以上；其次是房地产业，占到全部外商直接投资的8.98%；再次是租赁和商务服务业、交通运输、仓储和邮政业以及电力、燃气及水的生产和供应业。在后面的分析当中主要对采掘业、制造业以及电力、燃气及水的生产和供应业等细分行业情况进行分析和研究。

3.3.3　理论模型

根据第2章的研究，为了考察外商直接投资对行业出口的影响，构建了如下的理论模型：

$$EX_{ij} = \alpha + \beta_i \cdot FDI_{ij}$$

3.3.4　模型建立和模型选择

1.混合回归模型

首先，在不考虑约束条件的情况下，建立出口与外商投资之间关系的混合回归模型，利用SAS软件建立模型，见表3-27~表3-29。

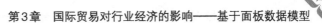

表3-27 混合模型方差分析表

Source	DF	Sum of Squares	Mean Square	F Value	Pr > F
Model	2	446495561	223247780	848.89	<.0001
Error	393	103354182	262988		
Corrected Total	395	549849743			

表3-28 混合模型拟合统计量

统计量	值	统计量	值
Root MSE	512.8233	R-Square	0.812
Dependent Mean	501.41906	Adj R-Sq	0.8111
Coeff Var	102.27439		

表3-29 混合模型方程系数估计

Variable	Parameter Estimate	Standard Error	t Value	Pr > $|t|$
Intercept	−339.35	33.5866	−10.1	<.0001
x_{11}	6.3871	0.53741	11.88	<.0001
x_{12}	2.22179	0.25039	8.87	<.0001

由表3-29可以看出，回归方程为

$$y = -339.35 + 6.3871x_{11} + 2.22179x_{12}$$
$$(11.88) \qquad (8.87)$$

由表3-27、表3-28和表3-29发现，F统计量的p值小于0.001，方程的整体通过了显著性检验，方程系数的t统计量的p值小于0.001，各系数通过了显著性检验，调整后的R^2为0.8111，但是否存在行业固定效应和时间固定效应还应做进一步检验。下面将尝试建立固定效应模型和随机效应模型。

2.固定效应模型

为检验是否存在行业固定效应，建立行业固定效应模型并进行模型检验，利用SAS软件得如下结果。

（1）行业固定效应模型

由表3-30和表3-31可以看出，模型拟合效果不错，R^2达到0.9667（比混合回归的$R^2 = 0.8111$要好），x_{11}和x_{12}的系数的p值都小于0.001，通过了显著性检验。说明中国港澳台资本和外商资本的进入对我国制造业各行业出口产生了显著的影响。

表3-30　行业固定效应拟合统计量

统计量	值	统计量	值
SSE	21604816.17	DFE	358
MSE	60348.6485	Root MSE	245.6596
R-Square	0.9667		

表3-31　行业固定效应方程估计系数表

Variable	Estimate	Standard Error	t Value	Pr > |t|	dm
CS1	12.63186	74.0781	0.17	0.8647	06
CS2	−114.248	75.6367	−1.51	0.1318	07
CS3	−10.5937	74.0747	−0.14	0.8864	08
CS4	−3.87098	74.0703	−0.05	0.9584	09
CS5	−16.1121	74.0784	−0.22	0.8279	10
CS6	−191.98	76.0336	−2.52	0.012	13
CS7	−457.599	76.4716	−5.98	<.0001	14
CS8	−571.266	76.1348	−7.5	<.0001	15
CS9	4.184487	74.0696	0.06	0.955	16
CS10	−717.797	133.4	−5.38	<.0001	17
CS11	−80.4456	92.7715	−0.87	0.3864	18
CS12	−16.5848	81.276	−0.2	0.8384	19
CS13	−69.3999	74.6002	−0.93	0.3528	20
CS14	−56.3017	75.4348	−0.75	0.4559	21
CS15	−764.769	78.2068	−9.78	<.0001	22
CS16	−287.665	77.8559	−3.69	0.0003	23
CS17	−132.656	79.4033	−1.67	0.0957	24
CS18	−112.741	74.3651	−1.52	0.1304	25
CS19	−1210.94	100.8	−12.01	<.0001	26
CS20	−289.112	75.905	−3.81	0.0002	27
CS21	−319.522	76.8292	−4.16	<.0001	28
CS22	−174.237	75.2509	−2.32	0.0212	29

续表

Variable	Estimate	Standard Error	t Value	Pr > |t|	dm
CS23	−758.001	94.227	−8.04	<.0001	30
CS24	−898.668	85.7071	−10.49	<.0001	31
CS25	−234.489	77.2251	−3.04	0.0026	32
CS26	−241.857	76.9753	−3.14	0.0018	33
CS27	−378.075	85.0004	−4.45	<.0001	34
CS28	−384.508	88.7876	−4.33	<.0001	35
CS29	−447.629	77.5198	−5.77	<.0001	36
CS30	−552.561	119.4	−4.63	<.0001	37
CS31	−232.731	88.7664	−2.62	0.0091	40
CS32	1841.177	150.1	12.27	<.0001	41
CS33	37.6778	75.1148	0.5	0.6163	43
CS34	−996.135	84.8022	−11.75	<.0001	44
CS35	−125.881	74.1744	−1.7	0.0905	45
CS36	−138.557	74.1807	−1.87	0.0626	46
x_{11}	6.211147	0.6283	9.89	<.0001	
x_{12}	1.717479	0.3028	5.67	<.0001	

由表3-32和表3-33可以看出，SAS软件自动输出的固定效应检验的 F 统计量为49.99，对应 p 值小于0.001。为了保持研究结果的严谨性，编写SAS程序估计依据Greene方法构造的固定效应检验的 F 统计量为38.7034，大于临界值1.45613，说明存在固定效应，建立行业固定效应模型优于混合模型。

表3-32　F Test for No Fixed Effects and No Intercept

Num DF	Den DF	F Value	Pr > F
36	358	49.99	<.0001

表3-33　行业固定效应Greene检验方法

ee1	ee2	F	Fcrit	result
103354182	21604816.17	38.7034	1.45613	Yes Fix Effect

由行业固定效应模型可以看出，港澳台资本和外商资本的进入推动了我国制

造业产品的出口,进而带动了制造业经济的发展,但各行业的截距不同,说明港澳台资本和外商资本对各行业出口的推动作用还存在一定的行业差异,其中影响比较大的行业包括代码为41、43、6和16的行业。

(2)时间固定效应模型

下面检验是否存在时间固定效应,建立时间固定效应模型,利用SAS软件得如下结果。

表3-34 时间固定效应拟合统计量

统计量	值	统计量	值
SSE	97505885.6	DFE	383
MSE	254584.5577	Root MSE	504.5637
R-Square	0.8227		

表3-35 时间固定效应方程估计系数表

Variable	Estimate	Standard Error	t Value	Pr > |t|	year
CS1	221.8577	120.3	1.84	0.0659	2001
CS2	232.4452	120.1	1.93	0.0538	2002
CS3	232.8499	119.9	1.94	0.0529	2003
CS4	197.0257	119.5	1.65	0.1	2004
CS5	158.5076	119.3	1.33	0.1849	2005
CS6	128.2113	119.1	1.08	0.2825	2006
CS7	78.78232	119	0.66	0.5083	2007
CS8	−7.35175	118.9	−0.06	0.9507	2008
CS9	−134.69	118.9	−1.13	0.2582	2009
CS10	−83.1813	118.9	−0.7	0.4848	2010
Intercept	−458.329	88.9605	−5.15	<.0001	2011
x_{11}	6.617047	0.5311	12.46	<.0001	
x_{12}	2.271006	0.2467	9.21	<.0001	

由表3-34和表3-35可以看出,R^2为0.8227(小于行业固定效应模型的0.9667),单从拟合优度来看拟合得还可以,各系数的p值均小于0.001,表明各系数均通过了显著性检验。由表3-36和表3-37可以看出,SAS软件自动输出的

固定效应检验的 F 统计量为 2.30，对应 p 值小于 0.05。为了保持研究结果的严谨性，编写 SAS 程序估计依据 Greene 方法构造的固定效应检验的 F 统计量为 2.29719，大于临界值 1.85545，存在时间固定效应。

3.随机效应模型

（1）行业随机效应模型

为检验是否存在行业随机效应，建立行业随机效应模型，利用 SAS 软件得如下结果。

表3-36 F Test for No Fixed Effects and No Intercept

Num DF	Den DF	F Value	Pr > F
10	383	2.30	0.0126

表3-37 时间固定效应 Greene 检验方法

ee1	ee2	F	Fcrit	result
103354182	97505885.6	2.29719	1.85545	Yes TIME Effect

由表 3-38 可以看出，R^2 为 0.7828（小于行业固定效应的 R^2）。由表 3-39 可以看出，各变量系数 t 统计量的 p 值都小于 0.01，通过显著性检验。由表 3-40 和表 3-41 可以看出，检验随机效应的 Hausman-m 统计量 2.81，对应 p 值为 0.2448，大于 0.05，说明不存在行业随机效应。

表3-38 行业随机效应拟合统计量

统计量	值	统计量	值
SSE	23750437.76	DFE	393
MSE	60433.6839	Root MSE	245.8326
R-Square	0.7828		

表3-39 行业随机效应方程估计系数表

Variable	Estimate	Standard Error	t Value	Pr > $|t|$
Intercept	−261.332	81.4577	−3.21	0.0014
x_{11}	6.196287	0.5929	10.45	<.0001
x_{12}	1.787168	0.2848	6.28	<.0001

表3-40 行业随机效应方差成分估计

方差成分	值
Variance Component for Cross Sections	216913.1
Variance Component for Error	60348.65

表3-41 行业随机效应Hausman检验

DF	m Value	Pr > m
2	2.81	0.2448

（2）时间随机效应模型

为检验是否存在时间随机效应，建立时间随机效应模型，利用SAS软件得如下结果。

由表3-42可以看出，R^2为0.8115，比行业固定效应模型的拟合优度要小。由表3-43可以看出，各系数的 p 值均小于0.001，通过显著性检验。由表3-44和表3-45可以看出，检验随机效应的Hausman-m统计量为9.38，对应 p 值为0.0092，说明存在时间随机效应。

表3-42 时间随机效应拟合统计量

统计量	值	统计量	值
SSE	100137967.7	DFE	393
MSE	254803.9891	Root MSE	504.7811
R-Square	0.8155		

表3-43 时间随机效应方程估计系数表

Variable	Estimate	Standard Error	t Value	Pr > |t|
Intercept	−353.514	44.1752	−8	<.0001
x_{11}	6.513298	0.5303	12.28	<.0001
x_{12}	2.248663	0.2467	9.12	<.0001

表3-44 时间随机效应方差成分估计

方差成分	值
Variance Component for Cross Sections	9240.717
Variance Component for Error	254584.6

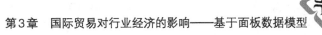

表3-45 时间随机效应Hausman检验

DF	m Value	Pr > m
2	9.38	0.0092

综合考虑，行业固定效应模型是比较合理的模型，应该建立行业固定效应模型进行分析和研究。

3.4 本章小结

本章主要利用面板数据模型对我国的行业数据进行了研究，首先分析了我国制造业各行业出口对制造业各行业经济的影响，通过模型选择和模型检验，建立了行业固定效应模型，发现出口贸易对我国制造业各行业产生了积极的推动作用，促进了制造业各行业的经济发展，出口每增长1个单位，工业总产值将增加0.53059个单位，但不同行业之间的截距不同，说明不同行业的出口对行业经济的影响存在一定的差异。相对处于优势地位的行业包括食品加工业、石油加工及炼焦业、有色金属冶炼及压延加工业、纺织业、金属制品业、电气机械及器材制造业、皮革毛皮羽绒及其制品业、木材加工及竹藤棕草制品业、服装及其他纤维制品制造业、食品制造业、塑料制品业、家具制造业和非金属矿采选业等行业，其中大部分为劳动密集型行业和资源型行业。相对来说，技术密集型行业和资本密集型行业仍处于劣势地位，说明我国的出口仍以劳动密集型产品和资源密集型产品为主，生产技术水平有待提高，加工工艺仍需改进，产业升级势在必行。

本章还对制造业各行业外商直接投资与制造业各行业出口的关系进行了探讨，通过模型选择和模型检验，建立了行业固定效应模型，通过分析发现外商直接投资是影响行业出口的重要因素之一，港澳台资本和外商资本的进入推动了我国制造业各行业的出口发展，并通过开展国际贸易进一步带动了制造业各行业的发展，但不同行业间的截距存在一定差异。处于相对优势地位的行业包括电子及通信设备制造业、仪器仪表及文化办公用机械制造业、煤炭采选业和烟草加工业等行业。

第 4 章

国际贸易对地区经济的影响——基于面板协整模型

4.1　面板协整模型简介

4.1.1　面板协整模型的提出和发展

面板数据模型相对于时间序列模型和横截面模型来说具有一定的优势，在一定程度上解决了样本量不足的问题，在经济研究中得到了广泛推广和应用。但随着经济社会的发展，面板数据的搜集越来越健全，面板数据的时期越来越长，与时间序列存在的不平稳性问题类似，当面板数据的时期较长时，面板数据模型也会面临非平稳的问题，此时，如果仍利用普通面板数据模型来处理非平稳数据便存在一定的劣势，据此得出的结论也值得商榷。

面板单位根检验和面板协整模型正是基于这种非平稳面板数据提出的，可以在一定程度上解决面板数据的非平稳性问题，是一种处理非平稳面板数据的有效方法。面板单位根检验和面板协整检验是20世纪末兴起的一种统计分析方法，有效地改进了普通面板数据模型在处理非平稳面板数据时的劣势，通过对面板数据进行面板单位根检验、面板协整检验和面板协整估计，有效地提高了估计的准确性，可以在一定程度上防止出现伪回归问题。该方法的提出推动了面板数据模型的发展，扩大了面板协整模型在经济管理中的应用。

面板单位检验方法是在Fisher的检验方法基础上提出的，Maddala和Wu等学者对Fisher的检验方法进行了改进，提出了Fisher-ADF检验和Fisher-PP检验。Kao于1999年提出了基于Engle-Granger的Kao-ADF面板协整检验方法。有关面板协整的估计比较常见的有FMOLS估计和DOLS估计，Pedroni于1999年提出了基于Pool Panel Fmols估计法（Phillips，Hanson，1990）的Group Mean Panel Fmols估计法。

4.1.2　面板协整模型的基本理论

1.面板单位根检验

关于面板单位根检验主要介绍Fisher-ADF和Fisher-PP检验，该检验方法最初由Fisher在1932年提出，用于检验异质面板单位根。Maddala和Wu（1999）以及Choi（2001）对该检验方法进行了发展和改进，其方法如下：

定义 π_i 为任意第 i 个截面单位根检验的 p 值，该检验的原假设为 N 个截面存在单位根，检验统计量为

$$-2\sum_{i=1}^{N}\log(\pi_i)\rightarrow\chi^2_{2N}$$

此外，Choi 定义统计量为

$$Z=\frac{1}{\sqrt{N}}\sum_{i=1}^{N}\varPhi^{-1}(\pi_i)\rightarrow N(0,1)$$

其中，$\varPhi^{-1}(\cdot)$ 为标准正态分布的反函数。

2.面板协整检验

关于面板协整检验存在多种检验方法，本部分介绍基于 Engle-Granger 方法的 Kao ADF 检验法，这种检验法是 Kao 在 1999 年提出来的。

ADF 检验主要基于以下回归方程：

$$y_{it}=\alpha_i+\beta x_{it}+e_{it}$$

其中，$y_{it}=y_{it-1}+u_{it}$，$x_{it}=x_{it-1}+\varepsilon_{it}$，$t=1,2,\cdots,T;i=1,2,\cdots,N$。

Kao 估计了回归方程：

$$e_{it}=\rho e_{it-1}+v_{it}$$

或者是修正方程：

$$e_{it}=\tilde{\rho}e_{it-1}+\sum_{j=1}^{p}\psi_j\Delta c_{it-j}+v_{it}$$

原假设 H_0：$\rho=1$，即不存在协整关系。

Kao 给出的检验统计量为

$$\mathrm{DF}_\rho=\frac{T\sqrt{N}(\hat{\rho}-1)+3\sqrt{N}}{\sqrt{10.2}}\xrightarrow{d}N(0,1)$$

$$\mathrm{DF}_t=\sqrt{1.25}\,t_\rho+\sqrt{1.875N}\xrightarrow{d}N(0,1)$$

$$\mathrm{DF}_\rho^*=\frac{\sqrt{N}T(\hat{\rho}-1)+3\sqrt{N}\,\hat{\sigma}_v^2/\hat{\sigma}_{0v}^2}{\sqrt{3+36\hat{\sigma}_v^4/5(\hat{\sigma}_{0v}^4)}}\xrightarrow{d}N(0,1)$$

$$\mathrm{DF}_t^*=\frac{t_\rho+6\sqrt{N}\,\hat{\sigma}_v/(2\hat{\sigma}_{0v}^2)}{\sqrt{\hat{\sigma}_{0v}^2/(2\hat{\sigma}_v^2)+3\hat{\sigma}_v^2/(10\hat{\sigma}_{0v}^2)}}\xrightarrow{d}N(0,1)$$

当 $p>0$ 时，修正的统计量 ADF 为

$$\text{ADF} = \frac{t_{\tilde{\rho}} + \sqrt{6N}\,\hat{\sigma}_v/(2\hat{\sigma}_{0v})}{\sqrt{\hat{\sigma}_{0v}^2/(2\hat{\sigma}_v^2) + 3\hat{\sigma}_v^2/(10\hat{\sigma}_{0v}^2)}} \xrightarrow{d} N(0,1)$$

其中，方差 $\hat{\sigma}_v^2 = \hat{\sigma}_u^2 - \hat{\sigma}_{u\varepsilon}^2\hat{\sigma}_\varepsilon^{-2}$，长期方差 $\hat{\sigma}_{0v}^2 = \hat{\sigma}_{0u}^2 - \hat{\sigma}_{0u\varepsilon}^2\hat{\sigma}_{0\varepsilon}^{-2}$，

协方差为 $\boldsymbol{w}_{it} = \begin{bmatrix} u_{it} \\ \varepsilon_{it} \end{bmatrix}$，其估计量为 $\hat{\Sigma} = \begin{bmatrix} \hat{\sigma}_u^2 & \hat{\sigma}_{u\varepsilon} \\ \hat{\sigma}_{u\varepsilon} & \hat{\sigma}_\varepsilon^2 \end{bmatrix} = \frac{1}{NT}\sum_{i=1}^{N}\sum_{t=1}^{T}\hat{w}_{it}\hat{w}_{it}^{'}$。

长期协方差估计量为

$$\hat{\Omega} = \begin{bmatrix} \hat{\sigma}_{0u}^2 & \hat{\sigma}_{0u\varepsilon} \\ \hat{\sigma}_{0u\varepsilon} & \hat{\sigma}_{0\varepsilon}^2 \end{bmatrix} = \frac{1}{N}\sum_{i=1}^{N}\left[\frac{1}{T}\sum_{t=1}^{T}\hat{w}_{it}\hat{w}_{it}^{'} + \frac{1}{T}\sum_{\tau=1}^{\infty}k(\frac{\tau}{b})\sum_{t=\tau+1}^{T}(\hat{w}_{it}\hat{w}_{it-\tau}^{'} + \hat{w}_{it-\tau}\hat{w}_{it}^{'})\right]，\text{此处 } k(\cdot) \text{ 为}$$

核函数，b 为宽度。

3.面板协整估计

关于面板协整的估计目前存在多种估计方法，本部分主要介绍由 Pedroni 提出来的 Group Mean Panel Fmols 估计法，这种估计方法是对 Phillips & Hanson (1990)估计法的发展和改进，相对于 Pool Panel Fmols 法来说效果更好，更加适用于实证分析。

这种检验方法假定存在如下协整方程：

$$y_{it} = \alpha_i + \beta x_{it} + \mu_{it}, x_{it} = x_{it-1} + \varepsilon_{it}$$

假定误差过程 $\xi_{it} = (\mu_{it}, \varepsilon_{it})^{'}$ 是稳定的且渐近协方差矩阵是 Ω_i。所以有

$\Omega_i = \lim_{T\to\infty}E\left[(\sum_{t=1}^{T}\xi_{it})(\sum_{t=1}^{T}\xi_{it}^{'})\right] = \Omega_i^0 + \Gamma_i + \Gamma_i^{'}$，其中，$\Omega_i$ 为同期的协方差，Γ_i 是对自协

方差的加权求和值。假定同期协方差 Ω_i 的下三角矩阵为 L_i，那么存在

$L_{11i} = (\Omega_{11i} - \Omega_{21i}^{1/2})^{1/2}, L_{12i} = 0, L_{21i} = \Omega_{21i}/\Omega_{22i}^{1/2}, L_{22i} = \Omega_{22i}^{1/2}$。

Pedroni（1999）经过证明得到如上所示的协整方程系数 β 的 Group Mean Panel Fmols 估计量：$\beta_{NT}^* - \beta = (\sum_{i=1}^{N}\hat{L}_{22i}^{-2}\sum_{t=1}^{T}(x_{it} - \bar{x}_i)^{-2})^{-1}\sum_{i=1}^{N}\hat{L}_{11i}^{-2}\hat{L}_{22i}^{-2}\sum_{t=1}^{T}(x_{it} - \bar{x}_i)^{-2}\mu_{it}^* - T\hat{r}_i$

其中，$\mu_{it}^* = \mu - \hat{L}_{21i}/\hat{L}_{22i}\Delta x_{it}, \hat{r}_i \equiv \hat{\Gamma}_{21i}\Omega_{21i}^0 - (\hat{L}_{21i}/\hat{L}_{22i})(\hat{L}_{22i} - \Omega_{22i}^0), L_i$ 是 Ω_i 的下三角形分解项。最后得到，$T\sqrt{N}(\beta_{NT}^* - \beta) \to N(0,v)$，$v=2$，当 $\bar{x}=y=0$；$v=6$,其他情形，$T,N \to$

∞。同时有 $t_{\hat{\beta}_{NT}^*} = (\hat{\beta}_{NT}^* - \beta)\sqrt{\sum_{i=1}^{N}\hat{L}_{22i}^{-2}\sum_{t=1}^{T}(x_{it} - \bar{x}_i)^{-2}} \to N(0,1)$,当 $N\to\infty, T\to\infty$。

4.2 理论模型

本节将基于面板协整模型对我国东部、中部和西部地区的贸易、利用外资与经济增长之间的关系进行研究，探讨我国各省区市的贸易、利用外资与经济增长之间是否存在长期稳定关系，并探讨区域之间是否存在明显差异。

根据第2章的分析，构建的理论模型为

$$Y = A(t)EX^{\gamma}IM^{\eta}FDI^{l}\mu$$

其中，$A(t)$为技术进步，EX为出口，IM为进口，γ为出口弹性，η为进口弹性，l为利用外资弹性，μ为随机扰动项。

4.3 国际贸易对地区经济影响的实证分析

4.3.1 我国区域贸易和区域利用外商投资情况

随着我国经济的发展和改革开放的深入，我国的区域贸易蓬勃发展，在各省、自治区、直辖市的经济中所占的比重逐年攀升，对区域经济的影响力逐渐扩大。

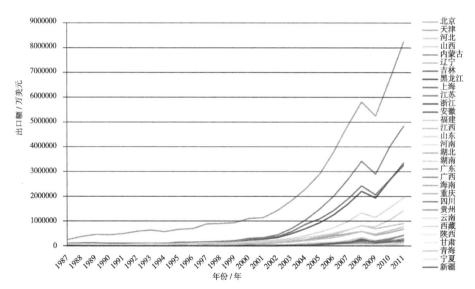

图4-1　1987—2011年我国各省、自治区、直辖市出口额

由图4-1可以看出，我国各省、自治区、直辖市的出口呈增长的态势。加入

WTO对我国各省、自治区和直辖市的出口产生了较大推动作用，2002年后出口呈快速增长趋势，但各省区市之间出口很不均衡，其中出口最多的是广东省，可以看成第一梯队，其次是江苏省、上海市和浙江省，可以看成第二梯队，再次是山东省、北京市、福建省、天津市和辽宁省为第三梯队，其余省、自治区和直辖市为第四梯队。2008年受金融危机的影响，各省区市的出口均有所下降，2009年之后又开始呈上升的趋势。

由图4-2可以看出，我国各省、自治区和直辖市的进口呈增长的态势，加入WTO对各省、自治区、直辖市的进口产生了较大推动作用，2002年后进口呈快速增长趋势，各省区市之间进口很不均衡，其中进口最多的是广东省，为第一梯队，其次是江苏省、上海市和北京市，为第二梯队，再次是浙江省、山东省、天津市、辽宁省和福建省，为第三梯队，其余省、自治区和直辖市为第四梯队。2008年受金融危机的影响，各省区市的进口均有所下降，2009年之后又开始呈上升的趋势。

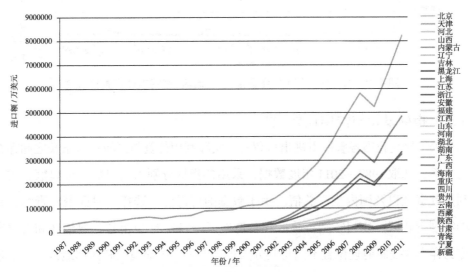

图4-2　1987—2011年我国各省、自治区、直辖市进口额

图4-3为我国各省、自治区和直辖市的外商直接投资情况，随着我国经济的发展，对外交流越来越频繁，各省、自治区和直辖市都在吸引外资来支持本地区的经济发展，外商直接投资的规模不断扩大。但我国的各省、自治区和直辖市之

间由于存在位置差异、基础设施差异以及政策差异，致使各省、自治区和直辖市在用外资方面存在很大的区域差异。由图4-3可以看出，江苏省和广东省的外商直接投资一直处于各省区市的前列，属于第一梯队，规模最大且增长迅速；其次是山东省、上海市、浙江省、福建省、辽宁省、北京市和天津市，属于第二梯队；其余省、自治区和直辖市为第三梯队。2008年受金融危机的影响，各省区市的FDI均有所下降，2009年之后又开始呈上升的趋势。

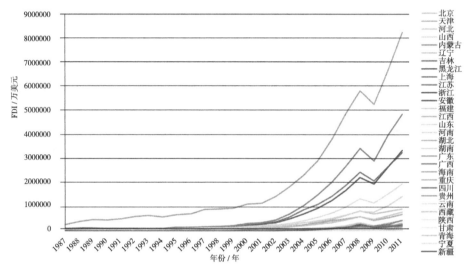

图4-3　1987—2011年我国各省、自治区、直辖市外商直接投资

4.3.2 指标设置与数据预处理❶

为了研究我国各省区市进出口贸易、实际利用外资与区域经济增长之间存在的关系，选取1987—2011年度数据，采用的指标分别为出口额、进口额、实际利用外资额以及国内生产总值。由于数据的可得性，选择了除西藏、青海、香港特别行政区、澳门特别行政区和台湾地区等以外的29个省、自治区和直辖市作为样本。按照地理位置不同将其分为东部地区、中部地区和西部地区，其中东部地区包括北京、天津、河北、辽宁、上海、江苏、浙江、福建、山东、广东、广西和海南等12个省区市；中部地区包括山西、内蒙古、吉林、黑龙江、安徽、江西、河南、湖北和湖南等9个省区市；西部地区包括重庆、四川、贵州、

---

❶ 数据来源：新中国六十年统计资料汇编、各省市统计年鉴。

云南、陕西、宁夏和新疆等10个省区市。为了分析和叙述的方便采用以下代号来代替变量名称：EX="出口"，IM="进口"，FDI="实际利用外资"，GDP="国内生产总值"。为了使数据具有可比性，采用年平均汇率将进口额、出口额和实际利用外资额折算为人民币，为了剔除价格变动造成的影响，利用各地区商品零售价格指数进行缩减。为了在一种程度上消除异方差的影响，对各变量取对数，对数化变量分别用LNEX、LNIM、LNFDI和LNGDP表示。

通过前面的趋势图发现我国的各个省、自治区、直辖市的进口额、出口额、实际利用外资额以及国内生产总值等序列都存在一定的波动，各序列不一定满足平稳性的条件，如果不加处理直接进行计量分析，有可能会出现伪回归的不良后果。为保证研究结论的准确性和合理性，首先对上述的面板数据进行稳定性检验，即进行面板单位根检验。

4.3.3 面板单位根检验

为了检验面板数据是否满足平稳性，本部分采用Eviews 7.2软件对各个变量序列进行面板单位根检验，选用的方法为检验异质单位根的ADF检验（包括ADF－Fisher检验以及ADF－Choi检验），通过分析得到ADF－Fisher Chi-square统计量和ADF－Choi Z-stat统计量，见表4-1。

表4-1 ADF检验表

变量	检验方法	东部地区		中部地区		西部地区	
		统计量	p值	统计量	p值	统计量	p值
LNIM	ADF－Fisher Chi-square	22.1018	0.5732	3.9545	0.9998	4.8293	0.9965
	ADF－Choi Z-stat	0.1459	0.5580	3.2619	0.9994	2.3097	0.9895
LNEX	ADF－Fisher Chi-square	16.5917	0.8655	2.2833	1.0000	3.1912	0.9997
	ADF－Choi Z-stat	2.6328	0.9958	4.8792	1.0000	3.2560	0.9994
LNFDI	ADF－Fisher Chi-square	2.6333	1.0000	0.7650	1.0000	21.2322	0.1698
	ADF－Choi Z-stat	4.7044	1.0000	5.5474	1.0000	-1.2923	0.0981
LNGDP	ADF－Fisher Chi-square	4.1467	1.0000	0.0013	1.0000	0.0109	1.0000
	ADF－Choi Z-stat	9.3036	1.0000	13.6233	1.0000	12.4970	1.0000

续表

变量	检验方法	东部地区		中部地区		西部地区	
		统计量	p值	统计量	p值	统计量	p值
▽LNIM	ADF – Fisher Chi-square	128.2340	0.0000	96.2815	0.0000	108.4660	0.0000
	ADF – Choi Z-stat	−8.7981	0.0000	−7.2900	0.0000	−8.5586	0.0000
▽LNEX	ADF – Fisher Chi-square	180.7260	0.0000	142.2130	0.0000	119.7600	0.0000
	ADF – Choi Z-stat	−11.2362	0.0000	−10.0844	0.0000	−9.1375	0.0000
▽ LNFDI	ADF – Fisher Chi-square	169.2530	0.0000	124.7940	0.0000	97.6605	0.0000
	ADF – Choi Z-stat	−10.0305	0.0000	−8.8449	0.0000	−7.8534	0.0000
▽ LNGDP	ADF – Fisher Chi-square	69.9348	0.0000	47.1608	0.0002	41.5696	0.0005
	ADF – Choi Z-stat	−5.1707	0.0000	−3.9054	0.0000	−2.7297	0.0032

注：原假设为存在异质面板单位根。

由表4-1可以看出，不论是东部地区、中部地区还是西部地区，未差分的四变量 $LNIM_{it}$、$LNEX_{it}$、$LNFDI_{it}$、$LNGDP_{it}$ 的 ADF – Fisher Chi-square 统计量和 ADF –Choi Z-stat统计量的p值均大于0.05，不能拒绝原假设，说明未差分的四变量均为非稳定变量。而一阶差分后的四变量的 ADF –Fisher Chi-square统计量的p值都小于0.05，这说明这四个一阶差分变量都是稳定变量，因此，这三大地区的四个变量都存在一阶面板单位根，即 $LNIM_{it}\sim I(1)$、$LNEX_{it}\sim I(1)$、$LNFDI_{it}\sim I(1)$、$LNGDP_{it}\sim I(1)$。

4.3.4 面板协整检验

由于这三大地区的各个变量都存在面板单位根，属于非平稳面板数据，不满足平稳性条件，不能利用普通的面板数据方法来进行研究，需要进行面板协整检验。我们采用Eviews 7.2软件，选用其中的Kao Residual Cointegration Test检验法来对三个地区的各个变量进行面板协整检验，得结果如下：

1.东部地区面板协整检验

利用Eviews 7.2软件对东部地区的四变量进行Kao Residual Cointegration Test检验，见表4-2~表4-4。

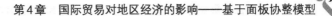

表4-2　东部地区 Kao Residual Cointegration Test 检验表

统计量	t-Statistic	Prob.
ADF	−1.8431	0.0327

注：原假设为不存在面板协整关系。

表4-3　东部地区 Kao 检验方差表

统计量	值
Residual variance	0.0016
HAC variance	0.0030

表4-4　东部地区 Kao 检验回归系数表

Variable	Coefficient	Std. Error	t-Statistic	Prob.
RESID?(−1)	−0.1320	0.0347	−3.8015	0.0002
D(RESID?(−1))	0.0357	0.0611	0.5833	0.5602

由表4-2~表4-4可以看出，Kao统计量的p值为0.0327小于0.05，拒绝原假设，说明东部地区的四个变量 $LNIM_{it}$、$LNEX_{it}$、$LNFDI_{it}$、$LNGDP_{it}$ 之间存在稳定的面板协整关系，其中，表4-4的各个系数均显著，也可以得出相同的结论。

2.中部地区面板协整检验

利用 Eviews 7.2 软件对中部地区的四个变量进行 Kao Residual Cointegration Test 检验，见表4-5~表4-7。

表4-5　中部地区 Kao Residual Cointegration Test 检验表

统计量	t-Statistic	Prob.
ADF统计量	−2.6861	0.0036

注：原假设为不存在面板协整关系。

表4-6　中部地区 Kao 检验方差表

统计量	值
Residual variance	0.0016
HAC variance	0.0032

表4-7　中部地区Kao检验回归系数表

Variable	Coefficient	Std. Error	t-Statistic	Prob.
RESID?(−1)	−0.2077	0.0448	−4.6407	0.0000
D(RESID?(−1))	0.2104	0.0707	2.9781	0.0033

由表4-5~表4-7可以看出，Kao统计量的 p 值为0.0036，小于0.05，拒绝原假设，说明中部地区的四个变量 $LNIM_{it}$、$LNEX_{it}$、$LNFDI_{it}$、$LNGDP_{it}$ 之间存在稳定的面板协整关系，其中，表4-7的各系数均显著，也可以得出相同的结论。

3.西部地区面板协整检验

下面对西部地区的四个变量进行Kao Residual Cointegration Test检验得如下结果，见表4-8~表4-10。

表4-8　西部地区Kao Residual Cointegration Test检验表

统计量	t-Statistic	Prob.
ADF	−3.2247	0.0006

注：原假设为不存在面板协整关系。

表4-9　西部地区Kao检验方差表

统计量	值
Residual variance	0.001932
HAC variance	0.003112

表4-10　西部地区Kao检验回归系数表

Variable	Coefficient	Std. Error	t-Statistic	Prob.
RESID?(−1)	−0.3058	0.0595	−5.1369	0.0000
D(RESID?(−1))	0.1108	0.0766	1.4452	0.1501

由表4-8~表4-10可以看出，Kao统计量的 p 值为0.0006，小于0.05，拒绝原假设，说明西部地区的四个变量 $LNIM_{it}$、$LNEX_{it}$、$LNFDI_{it}$、$LNGDP_{it}$ 之间存在稳定的面板协整关系，其中，表4-10的回归系数均显著，也可以得出相同的结论。

4.3.5　面板协整估计（FMOLS估计）

关于面板协整估计，本小节采用Winrats 7.0软件来进行估计，选用Pedroni

提出的 Group Mean Panel Fmols 估计方法，估计得到如下结果：

1.东部地区面板协整估计

首先对东部地区的四变量进行面板协整估计（FMOLS 估计），利用 Win-rats7.0 软件进行估计得以下结果。

面板群的完全修正普通最小二乘法（FMOLS）估计：

$$LNGDP_{it} = 3.53LNEX_{it} + 1.79LNIM_{it} + 0.98LNFDI_{it}$$

$$(4.71) \qquad (0.75) \qquad （0.83）$$

整体而言，我国东部地区的出口、进口和利用外资对经济增长具有一定的促进作用，其中出口的拉动作用非常明显，其次是进口的拉动作用，利用外资的拉动作用最小。

我国东部地区各个省区市的 FMOLS 估计结果见表 4-11。

表4-11　东部地区个体完全修正普通最小二乘法(FMOLS)估计

Panel Member	EX	IM	FDI	Panel Member	EX	IM	FDI
北京	1.2	0.66	−8.28	浙江	−0.48	6.46	−2.7
	(0.35)	(−3.86)	(−1.99)		(−2.21)	(3.3)	(−1.41)
天津	−2.04	3.81	2.39	福建	2.76	−0.24	0.51
	(−3.01)	(2.34)	(0.64)		(1.42)	(−0.45)	(−0.2)
河北	3.57	7.41	14.63	山东	1.51	4.4	−0.04
	(1.6)	(3.42)	(2.21)		(0.59)	(3.45)	(−0.59)
辽宁	1.97	−0.55	9.31	广东	2.36	−1.43	−0.07
	(1.14)	(−1.23)	(7.66)		(2.01)	(−2.5)	(−0.5)
上海	0.51	0.56	1.66	广西	15.44	0.66	−5.01
	(−1.04)	(−0.91)	(0.32)		(9.32)	(−0.14)	(−1.37)
江苏	2.97	−2.11	5.19	海南	12.58	1.9	−5.82
	(2.22)	(−2.48)	(1.31)		(3.91)	(1.63)	(−3.19)

由表 4-11 可以看出，我国东部地区的各个省区市之间存在较大差异，不同省区市之间的进口、出口和利用外资等对经济增长的影响也存在较大差异。其中出口对我国东部各个省区市经济增长的影响比较稳定，并且其系数大于进口和利用外资的系数，说明近年来发展外向型经济大大推动了东部各省区市的经济发展。

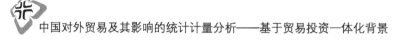

2.中部地区面板协整估计

对中部地区的四变量进行面板协整估计（FMOLS估计），利用Winrats 7.0软件进行估计得以下结果。

面板群的完全修正普通最小二乘法（FMOLS）估计：

$$GDP_{it} = 4.86EX_{it} + 8.02IM_{it} + 13.37FDI_{it}$$
$$(3.34) \qquad (9.23) \qquad （7.70）$$

整体而言，我国中部地区出口、进口和利用外资对经济增长具有促进作用，其中利用外资的拉动作用非常明显，其次为进口的拉动作用，再次为出口的拉动作用。

我国中部地区各个省区市的FMOLS估计结果见表4-12。

表4-12 中部地区个体完全修正普通最小二乘法（FMOLS）估计

Panel Member	EX	IM	FDI	Panel Member	EX	IM	FDI
山西	1.71	14.04	5.11	江西	2.97	3.39	11.87
	(0.61)	(9.57)	(0.58)		(1.74)	(0.85)	(4.56)
内蒙古	16.15	−9.81	45.93	河南	7.49	22.66	1.28
	(1.31)	(−1.71)	(3.84)		(0.79)	(1.16)	(0.02)
吉林	0.43	9.21	1.02	湖北	11.63	2.86	6.28
	(−0.11)	(6.5)	(0)		(2.47)	(0.29)	(0.81)
黑龙江	2.94	3.55	18.34	湖南	−2.15	19.8	19.66
	(4.11)	(4.12)	(6.9)		(−1.23)	(5.82)	(4.01)
安徽	2.57	6.47	10.81				
	(0.34)	(1.07)	(2.36)				

由表4-12来看，各个省区市差异较大，不同省区市的进出口和实际利用外资对各自经济增长的影响也各不相同。其中利用外资对中部各省区市的影响比较稳定，且其系数大于出口和进口，说明近年来利用外资大大推动了中部各省市的经济发展。

3.西部地区面板协整估计

对西部地区的四变量进行面板协整估计（FMOLS估计），利用Winrats 7.0软件进行估计得以下结果。

面板群的完全修正普通最小二乘法（FMOLS）估计：

$$GDP_{it} = 7.68EX_{it} + 6.79IM_{it} + 19.87FDI_{it}$$
$$(7.90) \qquad (11.36) \qquad （3.01）$$

整体而言，西部地区的出口、进口和利用外资对经济增长具有促进作用，其中利用外资的拉动作用非常明显，其次是出口的拉动作用，进口的拉动作用最小。

我国西部地区的各个省区市的FMOLS估计结果见表4-13。

表4-13 西部地区个体完全修正普通最小二乘法(FMOLS)估计

Panel Member	EX	IM	FDI	Panel Member	EX	IM	FDI
重庆	3.81	13.01	0.64	陕西	3.72	11.8	35.77
	(2.55)	(8.21)	(−0.19)		(0.61)	(2.85)	(2.16)
四川	9.43	7.15	−0.87	甘肃	8.73	6.49	−14.72
	(5.08)	(2.08)	(−0.48)		(1.92)	(4.44)	(−0.5)
贵州	19.39	4.01	7.43	宁夏	6.82	2.4	13.54
	(6.28)	(3.8)	(0.64)		(3.9)	(6.57)	(1.45)
云南	8.42	3.48	25.5	新疆	1.14	5.97	91.65
	(1.71)	(0.6)	(2.31)		(0.29)	(3.57)	(3.1)

由表4-13来看，西部各省区市也存在一定的差异，进出口和利用外资对各省区市经济增长的影响各不相同。其中利用外资对西部各省区市的影响比较稳定，且其系数大于出口和进口，说明近年来利用外资大大推动了西部各省区市的经济发展。

4.3.6 实证分析结论

通过上面分析不难发现，三大地区的进出口贸易、利用外资与经济增长之间均存在稳定的面板协整关系。三大地区的进出口贸易和利用外资都对经济增长起到了一定的促进作用。并且三大地区之间存在较大的差异，进出口贸易和利用外资对西部地区和中部地区的拉动作用要高于对东部地区的拉动作用。

出现上述特征的原因，著者认为主要包括以下几个方面：

1.发展阶段存在差异

我国东部地区、中部地区和西部地区之间经济发展存在着比较明显的差异，可以说三大地区之间处于不同的发展阶段。我国的东部地区已经处于相对发达的发展

阶段，并且我国东部沿海地带的地理位置优越，是我国经济发展的主引擎，但我国东部地区的经济总量较大，除了进出口和利用外资以外还有许多新的经济增长点，已经产生了新的内生经济增长因素；我国的西部地区还处于比较落后的发展阶段，进出口和利用外资在其经济总量中的比重相对较大，加上近年来的西部大开发浪潮以及边境贸易的蓬勃发展，使得其对经济增长的拉动作用比较明显；我国中部地区的发展阶段介于东部和西部之间，既没有东部的临海优势和技术优势，也缺乏西部地区开展边境贸易的便利条件，正处于经济结构调整的转型时期。

2.技术差异

我国东部地区、中部地区和西部地区之间的技术差异比较明显，我国东部地区集中了大部分的教育和科技资源，对新技术的吸收转化能力较强，但与发达国家相比仍缺乏核心技术，产业升级已势在必行，再加上近年来工资上涨的压力大增，使得东部地区的外向型经济面临着较大压力和挑战。与东部相比，中西部地区具有一定的劳动力成本优势，但同时也面临着技术水平较低、吸收转化能力不足的弱点。

3.资金和产品的丰富程度差异

我国东部地区的资金相对比较丰富，企业的资金压力相对较小，对外资的依赖程度逐渐降低，而中西部地区的资金相对匮乏，因此，外资的进入会对经济发展产生更为明显的促进作用。中西部地区的产品比较匮乏，发展进出口贸易会对经济发展产生较强的推动作用。

因此，应该针对不同地区的对外贸易和利用外商投资的特点，因地制宜地制定对外贸易政策与区域发展策略。对于东部地区应该继续保持和巩固目前的对外贸易政策，加快产业结构升级，提高企业的创新水平，尽快获得核心技术，提高产品的附加值，实现外贸的良性发展；中部地区应该继续开拓对外贸易和利用外商投资的途径，尽快提高技术水平，提高吸收转化能力，并加强与东部地区和西部地区的合作；西部地区应该抓住西部大开发的机遇，大力发展边境贸易，并提高利用外资的水平和质量，引进先进的技术和管理经验，体现后发优势，促进经济的快速发展。

4.4 本章小结

本章主要采用面板协整模型分析了我国的东部地区、中部地区和西部地区的进出口贸易、实际利用外商直接投资与各地区经济增长之间的关系。由于面板数据为非平稳序列，因此，首先对各个面板数据进行面板单位根检验，发现均存在一阶面板单位根，然后进行面板协整检验，发现三大地区的进出口贸易、实际利用外资和各地区经济增长之间存在稳定的面板协整关系，最后，对三大地区分别建立了FMOLS面板协整估计。

通过面板协整估计发现，三大地区的进出口贸易、利用外资与经济增长之间均存在稳定的面板协整关系。三大地区的进出口贸易和利用外资都对经济增长起到了一定的促进作用。并且三大地区之间存在较大的差异，进出口贸易和利用外资对西部地区和中部地区的拉动作用要高于对东部地区的拉动作用。随后对出现这种现象的原因进行了初步探讨。

第 5 章

国际贸易对企业效益的影响——基于分层线性模型

5.1　分层线性模型简介

5.1.1　分层线性模型的提出及发展

分层线性模型（Hierarchical Linear Models）又称为多层统计分析模型（Multilevel Models），是一种处理多层结构数据的统计分析方法，分层线性模型在近20年来得到了快速发展。分层线性模型的概念最早由 Lindley 和 Smith 在 1972 年提出，但之后有关分层线性模型的研究相对迟滞，虽然 Dempster、Laird、Rubin、Ware、Strenio 和 Weisberg 等学者也对其进行了一定的发展和改进，对分层线性模型的研究取得了一些进步，但并未得到学者足够的关注，再加上用于分析的统计软件比较缺乏，分层线性模型的推广和应用受到了很大制约，学者只是用分层线性模型来解决一些比较简单的问题。

直到 20 世纪 90 年代，这种尴尬局面才开始逐步得到改善。分层线性模型逐渐得到广大学者的认识和推崇，主要以 1992 年 Stephen W.Raudenbush 和 Anthony S.Bryk 出版的 *Hierarchical Linear Models: Applications and Data Analysis Methods* 为标志。分层线性模型开始得到更多统计学家、经济学家和社会学家的关注，许多学者开始投入到相关研究和推广当中，传统分层线性模型的估计方法和检验理论逐渐变得成熟。分层线性模型在方法上不断创新，进行了广义化的推广，可用于分析的范围逐渐扩大，潜变量开始应用到分层线性模型当中，贝叶斯推断也开始和分层线性模型相结合，使得分层线性模型理论越来越丰富，分层线性模型开始快速发展和推广应用。

相关统计软件的出现，包括 HLM、MIXOR、MLWIN、SAS 子程序 PROC MIXED 和 VARCL 等，对分层线性模型的推广应用起到了很大的促进作用。分层线性模型的应用范围逐渐扩大，现在已经被广泛应用于社会学、经济学、管理学、统计学等领域。

5.1.2　分层线性模型基本理论

分层线性模型是一种主要用来分析具有多层结构数据的统计分析方法。由于社会生活当中存在着各种各样的分级结构，由其产生的数据也会相应地呈现出分

级结构和多层结构，并且这类数据往往存在着一定的嵌套结构，低级别的单位往往嵌套于高级别的单位当中。最常见的例子是我们对学生学习成绩的研究，一般来说，学生嵌套在班级当中，班级又嵌套在学校当中，由此形成了一个具有三层结构的多层数据。另外，在抽样调查和试验设计当中也会产生多层结构的数据，比如，复式抽样设计（complex sampling design）的调查数据、医学研究中的实验设计（experimental design）、纵向研究中的追踪数据以及有关文献研究的荟萃分析（meta-analysis）等，都是常见产生多层结构数据的领域。

多层结构数据的变量按其代表性不同可以分为个体水平变量和组水平变量。一般来说，结局变量是个体水平测量的变量，而解释变量既包含个体水平（或微观水平）测量，又包括组水平（或宏观水平）测量。在组水平上测量的变量称为场景变量（contextual variables）。场景变量可以是连续性变量也可以是分类变量。

分层线性模型的一般形式为

层1模型：

$$y_{ij} = \beta_{0j} + \sum_{p=1}^{P} \alpha_p x_{p_{ij}} + \sum_{q=1}^{Q} \beta_{qj} z_{qij} + e_{ij}$$

层2模型：

$$\beta_{0j} = \gamma_{00} + \sum_{m=1}^{M} \gamma_{0m} w_{mj} + u_{0j}$$

$$\beta_{1j} = \gamma_{10} + \sum_{m=1}^{M} \gamma_{1m} w_{mj} + u_{1j}$$

$$\vdots$$

$$\beta_{Qj} = \gamma_{Q0} + \sum_{m=1}^{M} \gamma_{Qm} w_{mj} + u_{Qj}$$

其中，水平1截距 β_{0j} 是随机截距，水平1解释变量 $x_{p_{ij}}$（共 P 个）具有固定效应（或者说具有固定斜率），水平1解释变量 z_{qij}（共 Q 个）具有随机效应（或者说具有随机斜率）。水平1回归系数（$\beta_{0j}, \beta_{1j}, \cdots, \beta_{Qj}$）是水平2解释变量（$w_{mj}, m=1,2,\cdots,M$）的线性函数。

将层2模型代入层1模型得如下组合模型：

$$y_{ij} = \gamma_{00} + \sum_{m=1}^{M} \gamma_{0m} w_{mj} + \sum_{p=1}^{P} \alpha_p x_{pij} + \sum_{q=1}^{Q} \gamma_{q0} z_{qij} + \sum_{q=1}^{Q} \sum_{m=1}^{M} \gamma_{qm} w_{mj} z_{qij} + (u_{0j} + \sum_{q=1}^{Q} z_{qij} u_{qj} + e_{ij})$$

可以看出，组合模型由两部分组成：一部分是固定效应部分 $\gamma_{00} + \sum_{m=1}^{M} \gamma_{0m} w_{mj} + \sum_{p=1}^{P} \alpha_p x_{pij} + \sum_{q=1}^{Q} \gamma_{q0} z_{qij} + \sum_{q=1}^{Q} \sum_{m=1}^{M} \gamma_{qm} w_{mj} z_{qij}$，由可以计算出来的回归参数构

成；另一部分是随机效应部分 $(u_{0j} + \sum_{q=1}^{Q} z_{qij} u_{qj} + e_{ij})$，这是方程中复合残差项部分，

其中各随机成分 $(u_{0j}、u_{qj}、e_{ij})$ 是无法观测的潜变量。

统计软件（SAS）在进行模型估计的过程中，是将组合模型用矩阵形式进行
表述的：

$$Y = X\alpha + Z\beta + e$$

其中，Y 表示结局测量（或结果测量），α 为固定效应向量，X 表示 α 的设
计矩阵，β 为随机效应向量，Z 是 β 的设计矩阵，e 表示水平1残差向量。

1.分层线性模型的基本假设

分层线性模型建立在以下假设的基础之上：假设一，水平1残差遵从正态分
布；假设二，水平2残差遵从多元正态分布；假设三，水平1残差和水平2残差
相互独立。用公式表达如下：

$$e_{ij} \sim N(0, \sigma^2)$$

$$\begin{bmatrix} u_{0j} \\ u_{1j} \\ \vdots \\ u_{Qj} \end{bmatrix} \sim N \left(\begin{bmatrix} 0 \\ 0 \\ \vdots \\ 0 \end{bmatrix}, \begin{pmatrix} \sigma_{u0}^2 & \sigma_{u01}^2 & \cdots & \sigma_{u0Q}^2 \\ \sigma_{u01}^2 & \sigma_{u1}^2 & \cdots & \sigma_{u1Q}^2 \\ \vdots & \vdots & & \vdots \\ \sigma_{u0Q}^2 & \sigma_{u1Q}^2 & \cdots & \sigma_{uQ}^2 \end{pmatrix} \right)$$

$$\text{Cov}(e_{ij}, u_{oj}) = 0, \text{Cov}(e_{ij}, u_{qj}) = 0, \text{其中，} q = 1, 2, \cdots, Q$$

用矩阵形式表达为

$$E\begin{bmatrix} u \\ e \end{bmatrix} = 0$$

$$\text{Var}\begin{bmatrix} u \\ e \end{bmatrix} = \begin{bmatrix} G & 0 \\ 0 & R \end{bmatrix}$$

其中，G 为水平2残差的方差/协方差矩阵，R 为水平1残差的方差/协方差
矩阵。G 遵从多元正态分布，即

$$G = \begin{bmatrix} u_{0j} \\ u_{1j} \\ \vdots \\ u_{Qj} \end{bmatrix} \sim N \left(\begin{pmatrix} 0 \\ 0 \\ \vdots \\ 0 \end{pmatrix}, \begin{pmatrix} \sigma_{u0}^2 & \sigma_{u01}^2 & \cdots & \sigma_{u0Q}^2 \\ \sigma_{u01}^2 & \sigma_{u1}^2 & \cdots & \sigma_{u1Q}^2 \\ \vdots & \vdots & & \vdots \\ \sigma_{u0Q}^2 & \sigma_{u1Q}^2 & \cdots & \sigma_{uQ}^2 \end{pmatrix} \right)$$

通常假设水平1随机变异为单方差变异，即假设：

$$R = \sigma^2 I = \begin{bmatrix} \sigma^2 & 0 & ... & 0 \\ 0 & \sigma^2 & ... & 0 \\ \vdots & \vdots & & \vdots \\ 0 & 0 & ... & \sigma^2 \end{bmatrix}$$

2.分层线性模型的估计方法

如果 G 和 R 已知，此时可以采用广义最小二乘法进行估计（Goldstein，1987）。结局测量 y_{ij} 的方差估计如下：

$$\hat{V} = ZGZ' + R$$

可以采用 $\hat{V}$ 的逆矩阵作为广义最小二乘估计的权重估计回归系数和标准误。

一般来说，在实际问题的研究当中 G 和 R 都是未知的，普通的广义最小二乘法受到制约，此时必须采用分层模型来进行估计。分层线性模型估计通常采用极大似然估计法（Maximum Likelihood，ML）来估计 G 和 R 的方差/协方差。

极大似然估计是一种基于迭代算法的估计方法。首先，要基于一定的规则产生一组初始的参数估计值，上一次迭代产生的估计值作为下一次迭代的初始值，如此循环，直至参数估计值趋于稳定，即参数估计达到所设定的收敛条件，或者是达到设定的最大迭代次数为止。如果达到收敛条件而停止迭代，此时极大似然估计收敛；反之，如果达到设定的最大迭代次数仍未达到收敛条件，则说明极大似然估计缺乏收敛，一般意味着模型拟合不理想或者样本量不足。

经常采用的分层模型极大似然估计方法主要有两种：一是基于普通残差项（$y - X\hat{\alpha} - Z\hat{\beta}$）的最大似然法（ML）；另一种是基于残差项（$y - X\hat{\alpha}$）的限制性极大似然法（Restricted Maximum Likelihood，REML），在 SAS PROC MIXED 以及 HLM 软件中，REML 是默认的估计方法。在本部分的研究中主要采用 REML 和 ML 估计方法。

迭代广义最小二乘法（IGLS）和限制性迭代广义最小二乘法（RIGLS），也是常见的分层模型估计方法，主要在 Mlwin 软件中加以应用。此类估计方法首先从普通最小二乘估计开始，估计出固定效应回归系数，并计算出最小二乘回归的残差及其方差/协方差矩阵 $\hat{V}$，然后再以方差/协方差矩阵 $\hat{V}$ 的逆矩阵为权重进行广义最小二乘估计。估计产生的方差/协方差矩阵 $\hat{V}$ 又被用来作为新的广义最小

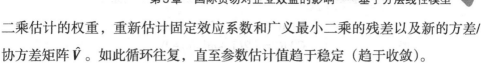

二乘估计的权重，重新估计固定效应系数和广义最小二乘的残差以及新的方差/协方差矩阵 $\hat{V}$。如此循环往复，直至参数估计值趋于稳定（趋于收敛）。

再一种比较重要的分层线性模型估计方法是经验贝叶斯估计方法，又称为"收缩估计"法（shrinkage estimator），这是一种适合于存在小样本量组情况的估计方法。经验贝叶斯参数估计值（第 j 组）是利用第 j 组的子样本估计和利用全部样本数据估计的加权平均参数估计值。如 β_{0j} 的经验贝叶斯估计值可以用 $\hat{\beta}_{0j}$ 和 $\hat{\gamma}_{00}$ 的加权线性组合进行表达如下：

$$\hat{\beta}_{0j}^* = \rho_j \hat{\beta}_{0j} + (1 - \rho_j)\hat{\gamma}_{00}$$

其中，$\hat{\beta}_{0j}$ 是第 j 组结局测量的最小二乘估计值，$\hat{\gamma}_{00}$ 是样本总均数的最小二乘估计值，ρ_j 为表示 $\hat{\beta}_{0j}$ 的可靠性的权重，ρ_j 的范围是0~1。

3.分层线性模型的检验和比较

采用分层线性模型的原因之一是存在着组内相关，传统分析方法在处理此类问题时存在一定的缺陷。组内相关一般采用组内相关系数（Intra-class Correlation Coefficient，ICC）来进行测量，ICC定义为组间方差与总方差的比值，用公式表达如下：

$$\text{ICC} = \frac{\sigma_b^2}{\sigma_w^2 + \sigma_b^2}$$

其中，σ_w^2 表示组内方差（个体水平方差），σ_b^2 表示组间方差（组水平方差），$(\sigma_w^2 + \sigma_b^2)$ 表示结局测量的总方差。

模型对数据的拟合情况是判断一个模型好坏的重要标准之一，在SAS PROC MIXED程序中提供了-2倍的对数似然值指标（-2LL），一般来说，-2LL 的值越小，说明模型对数据的拟合程度越好。此外，还提供了多种信息量指标作为模型对数据拟合程度的判断标准，主要包括AIC信息量指标、AICC信息量指标、BIC信息量指标、HQIC信息量指标和CAIC信息量指标等。各信息量指标计算公式如下：

$$\text{AIC} = -2\text{LL} + 2d$$
$$\text{AICC} = -2\text{LL} + 2d \cdot \text{n}/(n - d - 1)$$
$$\text{BIC} = -2\text{LL} + d \cdot \ln(n)$$

$$HQIC = -2LL + 2d \cdot \ln(\ln(n))$$
$$CAIC = -2LL + d(\ln(n) + 1)$$

其中，$-2LL$ 表示-2倍对数似然值，d表示估计参数的个数，n表示有效观察的个数，$\ln(n)$ 表示 n 的自然对数。

判断一个分层线性模型是否合适，需要对模型进行假设检验，分层线性模型的假设检验主要包括随机效应检验、固定效应检验和模型比较检验等。

分层线性模型的随机效应检验主要是检验组合模型中的随机成分，即检验宏观水平残差的方差/协方差。SAS PROC MIXED 程序采用 Wald Z 统计量来进行检验，Wald Z 统计量为参数估计值与标准误的比值（$\frac{\hat{\sigma}^2}{se(\hat{\sigma}^2)}$）。

分层线性模型的固定效应检验是对组合模型中的固定成分（固定参数）进行检验，固定参数包括截距、微观解释变量的主效应、宏观解释变量的主效应以及部分宏观变量和微观变量的跨水平交互作用等。SAS PROC MIXED 程序采用 t 统计量进行检验。对分类变量采用 F 检验或者是 Wald χ^2 检验。

对分层线性模型进行模型比较主要采用似然比检验（LR）或者采用信息量指标进行检验，其中似然比检验主要适用于嵌套模型，可利用两模型间 $-2LL$ 或者是利用偏差统计量的差进行似然比检验。$-2LL_2 - (-2LL_1) = -2\ln(\frac{L_2}{L_1})$。当模型为非嵌套模型时，不能再用 LR 检验，应该采用信息量统计量，如 AIC、AICC、BIC、HQIC 和 CAIC 等信息量指标作为判断标准。

5.1.3 分层线性模型的应用

采用分层线性模型分析具有分层结构的数据，可以对个体效应的估计有所改进，可以估计不同层次之间的效应，还可以对各层次之间的方差/协方差成分进行分解。对学校录取分数的研究是分层线性模型应用的一个经典案例，Braun、Jones、Rubin 以及 Thayer[1]（1983）对 59 个工商学校的研究生数据进行了分析和研究，他们采用分层线性模型进行分析，有效改善了少数民族学生过少对参数估

---

[1] BRAUN H I, JONES D H, RUBIN D B. Empirical Bayes estimation of coefficients in the general linear model from data of deficient rank [M]. Psychometrika, 1983 : 171-181.

计所造成的影响。William M. Mason、George Y. Wong 和 Barbara Entwisle [1]（1983）利用分层线性模型对15个国家生育率的两个影响因素的作用进行了研究，这两个因素是母亲教育程度和城乡居住类型，经过研究发现母亲的教育程度高低的确与生育率高低呈反向影响，但城乡差别的影响随国家的变化而变化，即城乡居住类型对生育率产生的影响会依赖于不同国家的整体特征。

分层线性模型另一个重要应用方面，是在纵向数据中的应用-发展模型。Janellen Huttenlocher、Wendy Haight, Anthony Bryk、Michael Seltzer 和 Thomas Lyons [2]（1991）利用分层线性模型对儿童学习能力进行了研究，他们首先对14~26个月的儿童进行了观测，并建立了历时重复观测值与个人词汇量发展轨迹的模型，经过研究发现语言环境在婴幼儿时期的词汇量增长中发挥了很大的作用。Anthony S. Bryk 和 Stephan W. Raudenbush [3]（1988）利用分层线性模型对86个学校中的618名学生的数学成绩数据进行了研究，他构建了一个三层模型，将个体成长轨迹的差别进行了分解，将其分解为学校内部的差别成分和学校之间的差别成分。

分层线性模型的研究范围不断扩展，可以处理的结果变量类型不断增多，这是分层线性模型的一个新发展。Russell W. Rumberger [4]（1995）采用两层模型对学生的退学情况进行了研究，其中的层-1模型为 logistic 回归。Robert J. Sampson、Stephen W. Raudenbush 和 Felton Earls [5]利用分层线性模型对计数数据结果进行了研究，对邻里小区杀人案数据进行了研究和分析。

---

[1] Mason William M, Wong George Y, Entwisle Barbara. Contextual analysis through the multilevel linear model [J]. Sociological Methodology, (1983—1984), 14:72-103.

[2] Huttenlocher Janellen, Haight Wendy, Bryk Anthony, et al.Early Vocabulary Growth: Relation to Language Input and Gender[J]. Developmental Psychology, 1991, 27(2): 236-248.

[3] Bryk Anthony S, Raudenbush Stephan W. Toward a More Appropriate Conceptualization of Research on School Effects: A Three-Level Hierarchical Linear Model[J]. American Journal of Education, 1988, 97(1):65-108. Raudenbush Stephen W, Bryk Anthony S. Methodological Advances in Analyzing the Effects of Schools and Classrooms on Student Learning[J]. Review of Research in Education, 1988 - 1989, 15:423-475.

[4] Russell W. Rumberger, Dropping. Out of Middle School: A Multilevel Analysis of Students and Schools [J]. American Educational Research Journal, 1995, 32(3):583-625.

[5] Sampson Robert J, Raudenbush Stephen W, Earls Felton. Neighborhoods and Violent Crime: A Multilevel Study of Collective Efficacy[J]. Science, 1997, 277(15).

5.2 不同行业的企业贸易对行业经济的影响

5.2.1 指标设置及数据

为了研究我国不同行业的企业出口对行业经济的影响，采用国家统计局1999—2006年国有及规模以上非国有工业企业数据库❶的数据，从企业层面来进行分析，研究不同行业企业之间的异同点。

5.2.2 数据预处理

为了保持研究结论的合理性，对原始数据进行预处理。首先，从我国1999—2006年国有及规模以上非国有工业企业数据库中选中规模以上制造业企业的数据，并对数据进行清理，删除其中的不合理数据。其次，由于1994版国民经济行业分类与2002版国民经济行业分类相比发生了一定的变化和调整，为使数据具有可比性，对部分行业大类中的一些中小类进行调整，并按行业大类进行归并，将四位行业小类代码转化为两位行业大类代码。再次，对各企业的区域归属进行归并，先按省、自治区和直辖市归并，将六位的省地县代码转化为两位的省区市代码，然后再按东部和中西部进行分类，建立相应二分类变量。对企业规模进行归并，按大型企业和中小型企业分类，建立相应二分类变量。对企业登记注册类型进行归并，按内资企业和外资企业分类，建立相应二分类变量。

为了在一定程度上减少异方差性，将原始变量进行对数化处理。为了叙述的方便，用以下代码来表示相应变量（对数化后的变量），其中lnGDP="工业总产值"，lnEX="出口交货值"，lnL="从业人员平均人数"，lnK="资产总计"，lnFDI="港澳台资本金+外商资本金"。本部分涉及的其他变量及其代码有：IND_type="行业类型"（按行业的外商投资平均比例设定，高者为1）。

5.2.3 模型建立与模型选择

为了研究不同行业的企业贸易对行业经济的影响，建立分层线性模型，利用SAS软件的PROC MIXED模块进行分析，按照如下步骤来进行模型建立和模型选

---

❶ 本数据由中国人民大学应用统计研究中心提供。

择：首先，运行空模型并进行模型检验；其次，将水平2解释变量纳入空模型并进行模型检验；再次，将水平1解释变量纳入截距模型并进行模型检验，然后检验水平1随机斜率；最后，检验跨水平交互作用。

1. 不同行业的企业贸易对企业经济效益的影响

按照上面的建模步骤进行探索性建模，通过建立空模型、引入水平2解释变量、引入水平1变量、检验水平1随机斜率、检验跨水平交互作用等步骤进行探索性建模，通过对模型系数进行检验及模型比较，最终确定的模型如下：

层1模型为

$$\ln \mathrm{GDP}_{ij} = \beta_{0j} + \beta_{1j} \ln \mathrm{EX}_{ij} + \beta_2 \ln \mathrm{K}_{ij} + \beta_3 \ln \mathrm{L}_{ij} + e_{ij}$$

层2模型为

$$\beta_{0j} = \gamma_{00} + \gamma_{01} \mathrm{IND\_type} + u_{0j}$$
$$\beta_{1j} = \gamma_{10} + \gamma_{11} \mathrm{IND\_type} + u_{1j}$$

组合模型为

$$\ln \mathrm{GDP}_{ij} = \gamma_{00} + \gamma_{01}\mathrm{IND\_type} + u_{0j} + (\gamma_{10} + \gamma_{11}\mathrm{IND\_type} + u_{1j})\ln \mathrm{EX}_{ij} + \beta_2 \ln \mathrm{K}_{ij} + \beta_3 \ln \mathrm{L}_{ij} + e_{ij}$$
$$= \gamma_{00} + \gamma_{10} \ln \mathrm{EX}_{ij} + \beta_2 \ln \mathrm{K}_{ij} + \beta_3 \ln \mathrm{L}_{ij} + \gamma_{01}\mathrm{IND\_type} + \gamma_{11}\mathrm{IND\_type} \times \ln \mathrm{EX}_{ij}$$
$$+ (u_{0j} + u_{1j} \ln \mathrm{EX}_{ij} + e_{ij})$$

利用SAS软件进行模型估计，计算结果见表5-1~表5-3。

表5-1　行业模型迭代情况表

Iteration	Evaluations	−2 Res Log Like	Criterion
0	1	799692.3145	
1	2	786741.4208	0.00234089
2	1	786714.5317	0.00132081
3	1	786699.5158	0.00066754
4	1	786692.0495	0.00027628
5	1	786689.0482	0.00007726
6	1	786688.253	0.00000948
7	1	786688.1633	0.0000002
8	1	786688.1616	0

表5-2　方差参数估计

Cov Parm	Subject	Estimate	Standard Error	Z Value	Pr Z	Alpha	Lower	Upper
UN(1,1)	ind_num	0.06115	0.01683	3.63	0.0001	0.05	0.03804	0.1142
Residual		0.3833	0.000838	457.36	<.0001	0.05	0.3816	

表5-3　信息统计量

Neg2LogLike	Parms	AIC	AICC	HQIC	BIC	CAIC
786688	2	786692	786692	786693	786695	786697

由表5-1的迭代情况表明，模型经过8次迭代后成功收敛，说明模型拟合效果不错。表5-3为信息统计量指标，提供了对数似然值和5种信息统计量（AIC、AICC、HQIC、BIC、CAIC），这是进行模型比较和模型选择的重要指标。表5-2为方差/协方差参数估计，可以看出方差/协方差的p值均小于0.01，从另一个角度说明模型拟合效果不错。

模型设定中的TYPE为UN时，模型估计为方差/协方差成分的整体显著性检验提供了χ^2值。由表5-4可以看出，$\chi^2 = 13004.15$，相应的p值小于0.001，说明随机效应的方差/协方差的整体检验显著。

表5-4　空模型似然比检验

DF	Chi-Square	Pr > ChiSq
1	13004.15	<.0001

表5-5为模型的固定效应估计，可以看出各变量的p值都小于0.001，说明各个变量的系数均显著，即出口、资本（资产总计）、劳动力以及外商投资比例差异对企业的经济效益都产生了重要影响，写成公式的形式为

$$\ln GDP_{ij} = 2.8374 + 0.1917 \ln EX_{ij} + 0.4979 \ln K_{ij} + 0.1803 \ln L_{ij}$$
$$(235.19) \quad (514.3) \quad (146.03)$$
$$-0.7531 IND\_type + 0.05125 IND\_type \times \ln EX_{ij}$$
$$(-7.9) \quad (43.13)$$

由上式可以看出，出口、资本（资产总计）和劳动力的系数均为正值，说明出口、资本（资产总计）和劳动力对行业经济产生了积极作用，带动了行业经济的发展，其中，资本（资产总计）对行业经济的影响最为明显，其次是出口对行业经济的拉动作用，再次是劳动力对行业经济的带动作用。行业类型（IND_type）与出口交互作用的系数为正值，说明出口对经济的拉动作用在外资比例高的企业更为重要。

表5-5　固定效应估计

Effect	Estimate	Standard Error	DF	t Value	Pr > |t|
Intercept	2.8374	0.05904	27	48.06	<.0001
IND_type	−0.7531	0.09536	27	−7.9	<.0001
lnEX	0.1917	0.000815	4.20E+05	235.19	<.0001
IND_type×lnEX	0.05125	0.001188	4.20E+05	43.13	<.0001
lnK	0.4979	0.000968	4.20E+05	514.3	<.0001
lnL	0.1803	0.001235	4.20E+05	146.03	<.0001

表5-6为模型的随机效应估计，可以看出各个行业之间的截距存在一定的差异，其中随机截距为正值的行业代码为13、16、22、23、25、26、28、30、32、33、39和40。

表5-6　随机效应估计

Effect	行业代码	Estimate	Std Err Pred	DF	t Value	Pr > |t|
Intercept	13	0.06376	0.05853	4.20E+05	1.09	0.276
Intercept	14	−0.2081	0.05873	4.20E+05	−3.54	0.0004
Intercept	15	−0.04555	0.05934	4.20E+05	−0.77	0.4427
Intercept	16	0.9262	0.06666	4.20E+05	13.89	<.0001
Intercept	17	−0.2164	0.05842	4.20E+05	−3.7	0.0002
Intercept	18	−0.06158	0.07463	4.20E+05	−0.83	0.4094
Intercept	19	−0.01054	0.07469	4.20E+05	−0.14	0.8878
Intercept	20	−0.1971	0.05877	4.20E+05	−3.35	0.0008
Intercept	21	−0.03946	0.07488	4.20E+05	−0.53	0.5982

续表

Effect	行业代码	Estimate	Std Err Pred	DF	t Value	Pr > |t|
Intercept	22	0.1849	0.07496	4.20E+05	2.47	0.0136
Intercept	23	0.000236	0.07536	4.20E+05	0	0.9975
Intercept	24	−0.112	0.07474	4.20E+05	−1.5	0.134
Intercept	25	0.4405	0.06199	4.20E+05	7.11	<.0001
Intercept	26	0.04429	0.05849	4.20E+05	0.76	0.449
Intercept	27	−0.08378	0.05878	4.20E+05	−1.43	0.1541
Intercept	28	0.01596	0.06007	4.20E+05	0.27	0.7905
Intercept	29	−0.00698	0.07496	4.20E+05	−0.09	0.9258
Intercept	30	0.01253	0.07469	4.20E+05	0.17	0.8668
Intercept	31	−0.2037	0.05851	4.20E+05	−3.48	0.0005
Intercept	32	0.2836	0.05919	4.20E+05	4.79	<.0001
Intercept	33	0.1533	0.05903	4.20E+05	2.6	0.0094
Intercept	34	−0.2396	0.05847	4.20E+05	−4.1	<.0001
Intercept	35	−0.1823	0.05846	4.20E+05	−3.12	0.0018
Intercept	36	−0.1603	0.05859	4.20E+05	−2.74	0.0062
Intercept	37	−0.06633	0.05856	4.20E+05	−1.13	0.2573
Intercept	39	0.1265	0.07466	4.20E+05	1.69	0.0901
Intercept	40	0.01669	0.07467	4.20E+05	0.22	0.8231
Intercept	41	−0.1103	0.07486	4.20E+05	−1.47	0.1405
Intercept	42	−0.3244	0.05851	4.20E+05	−5.54	<.0001

2.外商投资对国际贸易的影响

按照上面的建模步骤进行探索性建模，通过建立空模型、引入水平2解释变量、引入水平1变量、检验水平1随机斜率、检验跨水平交互作用等步骤进行探索性建模，通过对模型系数进行检验及模型比较，发现层2变量不显著，最终确定的模型形式如下：

层1模型为

$$\ln \mathrm{EX}_{ij} = \beta_{0j} + \beta_{1j} \ln \mathrm{FDI}_{ij} + e_{ij}$$

层2模型为

$$\beta_{0j} = \gamma_{00} + \gamma_{01} \mathrm{IND\_type} + u_{0j}$$
$$\beta_{1j} = \gamma_{10} + \gamma_{11} \mathrm{IND\_type} + u_{1j}$$

组合模型为

$$\ln EX_{ij} = (\gamma_{00} + \gamma_{01} IND\_type + u_{0j}) + (\gamma_{10} + \gamma_{11} IND\_type + u_{1j})\ln FDI_{ij} + e_{ij}$$
$$= \gamma_{00} + \gamma_{10}\ln FDI_{ij} + \gamma_{01}IND\_type + \gamma_{11}IND\_type \times \ln FDI_{ij} + (u_{1j}\ln FDI_{ij} + u_{0j} + e_{ij})$$

由表5-7的迭代情况表明，模型经过4次迭代后成功收敛，说明模型拟合效果不错。表5-9为信息统计量指标，提供了对数似然值和5种信息统计量（AIC、AICC、HQIC、BIC、CAIC），这是进行模型比较和模型选择的重要指标。表5-8为方差/协方差参数估计，可以看出方差/协方差的p值均小于0.01，从另一个角度说明模型拟合效果不错。

表5-7 迭代情况表

Iteration	Evaluations	−2 Res Log Like	Criterion
0	1	741418.6075	
1	2	733326.8919	0.0000117
2	1	733324.2618	0.00000317
3	1	733323.5885	0.00000036
4	1	733323.5186	0.00000001

表5-8 方差/协方差参数估计

Cov Parm	Subject	Estimate	Standard Error	Z Value	Pr Z
UN(1,1)	ind_num	0.1749	0.04948	3.54	0.0002
Residual		2.1893	0.006882	318.13	<.0001

表5-9 信息统计量

Neg 2 Log Like	Parms	AIC	AICC	HQIC	BIC	CAIC
733324	2	733328	733328	733328	733330	733332

模型设定中的TYPE为UN时，模型估计为方差/协方差成分的整体显著性检验提供了χ^2值。由表5-10可以看出，$\chi^2 = 8095.09$，相应的p值小于0.001，说明随机效应的方差/协方差的整体检验显著。

表5-10 空模型似然比检验

DF	Chi-Square	Pr > ChiSq
1	8095.09	<.0001

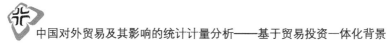

表5-11为模型的固定效应估计，可以看出FDI的p值小于0.001，说明FDI对企业出口产生重要影响，FDI推动了企业出口的发展，行业类型（IND_type）以及行业类型与FDI交互项的p值均小于0.001，说明行业类型对行业出口产生了一定的影响。写成公式的形式为

$$\ln \mathrm{EX}_{ij} = 7.0922 + 0.2688 \ln \mathrm{FDI}_{ij} - 1.3129 \mathrm{IND\_type} + 0.1865 \mathrm{IND\_type} \times \ln \mathrm{FDI}_{ij}$$
$$(91.47) \qquad\qquad (-7.93) \qquad\qquad (44.34)$$

由上式可以看出，外商直接投资的系数为正值，说明外商直接投资对企业出口产生了积极作用，进而带动了经济的发展。行业类型（IND_type）与FDI交互项系数也为正值，说明行业类型对行业出口也产生了一定影响。外商直接投资对出口的拉动作用在外商投资比例高的企业所起的作用更为重要。

表5-11　固定效应估计

Effect	Estimate	Standard Error	DF	t Value	Pr > |t|
Intercept	7.0922	0.1035	27	68.52	<.0001
IND_type	−1.3129	0.1655	27	−7.93	<.0001
lnFDI	0.2688	0.002939	2.00E+05	91.47	<.0001
IND_type×lnFDI	0.1865	0.004206	2.00E+05	44.34	<.0001

表5-12为模型的随机效应估计，可以看出各个行业之间的截距存在一定的差异，其中随机截距为正值的行业代码为13、17、18、19、20、21、24、25、32、33、34、37、39、40和42。

表5-12　随机效应估计

Effect	行业代码	Estimate	Std Err Pred	DF	t Value	Pr > |t|
Intercept	13	0.4929	0.1013	2.00E+05	4.86	<.0001
Intercept	14	−0.2656	0.1025	2.00E+05	−2.59	0.0095
Intercept	15	−0.825	0.1087	2.00E+05	−7.59	<.0001
Intercept	16	−0.6982	0.2598	2.00E+05	−2.69	0.0072
Intercept	17	0.4266	0.1005	2.00E+05	4.25	<.0001
Intercept	18	0.3584	0.1266	2.00E+05	2.83	0.0046
Intercept	19	0.5329	0.1269	2.00E+05	4.2	<.0001

续表

Effect	行业代码	Estimate	Std Err Pred	DF	t Value	Pr > |t|
Intercept	20	0.2557	0.1029	2.00E+05	2.48	0.013
Intercept	21	0.2397	0.128	2.00E+05	1.87	0.0611
Intercept	22	−0.6602	0.1286	2.00E+05	−5.13	<.0001
Intercept	23	−0.869	0.1305	2.00E+05	−6.66	<.0001
Intercept	24	0.2894	0.1271	2.00E+05	2.28	0.0228
Intercept	25	0.1803	0.1337	2.00E+05	1.35	0.1777
Intercept	26	−0.1578	0.1011	2.00E+05	−1.56	0.1188
Intercept	27	−0.2825	0.1042	2.00E+05	−2.71	0.0067
Intercept	28	−0.027	0.1095	2.00E+05	−0.25	0.8052
Intercept	29	−0.06716	0.1286	2.00E+05	−0.52	0.6015
Intercept	30	−0.2581	0.1268	2.00E+05	−2.04	0.0418
Intercept	31	−0.01559	0.1013	2.00E+05	−0.15	0.8777
Intercept	32	0.5705	0.1089	2.00E+05	5.24	<.0001
Intercept	33	0.2293	0.1062	2.00E+05	2.16	0.0309
Intercept	34	0.2365	0.1008	2.00E+05	2.35	0.019
Intercept	35	−0.07896	0.1009	2.00E+05	−0.78	0.434
Intercept	36	−0.4689	0.1018	2.00E+05	−4.61	<.0001
Intercept	37	0.002091	0.1016	2.00E+05	0.02	0.9836
Intercept	39	0.09558	0.1268	2.00E+05	0.75	0.4508
Intercept	40	0.3792	0.1267	2.00E+05	2.99	0.0028
Intercept	41	−0.04072	0.1278	2.00E+05	−0.32	0.75
Intercept	42	0.4257	0.101	2.00E+05	4.21	<.0001

5.3 不同区域的企业贸易对区域经济的影响

5.3.1 指标设置

为了研究我国不同区域的企业贸易对区域经济发展的影响，采用国家统计局 1999—2006年国有及规模以上非国有工业企业数据库[1]，从企业层面进行分析，

---

[1] 本数据由中国人民大学应用统计研究中心提供。

研究不同区域之间的异同点。研究所涉及的指标包括工业总产值、出口交货值、从业人员平均人数、资产总计、港澳台资本金、外商资本金、行业类别、登记注册类型、企业规模和省地县码等。

5.3.2 数据预处理

为了保持研究结论的合理性，需要对原始数据进行预处理。首先，从我国1999—2006年国有及规模以上非国有工业企业数据库中选中规模以上制造业企业的数据，并对数据进行清理，删除其中的不合理数据。其次，由于1994版国民经济行业分类与2002版国民经济行业分类相比发生了一定的变化和调整，为使数据具有可比性，对部分行业大类中的一些中小类进行调整，并按行业大类进行归并，将四位行业小类代码转化为两位行业大类代码。再次，对各企业的区域归属进行归并，先按省、自治区和直辖市归并，将六位的省地县代码转化为两位的省区市代码，然后再按东部和中西部进行分类，建立相应二分类变量。对企业规模进行归并，按大型企业和中小型企业分类，建立相应二分类变量。对企业登记注册类型进行归并，按内资企业和外资企业分类，建立相应二分类变量。

为了在一定程度上减少异方差性，将原始变量进行对数化处理。为了叙述的方便，用以下代码来表示相应变量（对数化后的变量），其中lnGDP="工业总产值"，lnEX="出口交货值"，lnL="从业人员平均人数"，lnK="资产总计"，lnFDI="港澳台资本金+外商资本金"。本部分涉及的其他变量及其代码有：Area_num="区域代码"（1=东部地区，0=中西部地区）。

5.3.3 模型建立与模型选择

为了研究各地区企业贸易对区域经济的影响，建立分层线性模型，利用SAS软件的PROC MIXED模块进行分析，按照如下步骤来进行模型建立和模型选择：首先，运行空模型并进行模型检验，其次，将水平2解释变量纳入空模型并进行模型检验，再次，将水平1解释变量纳入截距模型并进行模型检验，然后，检验水平1随机斜率，最后，检验跨水平交互作用。

1.国际贸易对区域经济的影响

按照上面的建模步骤进行探索性建模，通过建立空模型、引入水平2解释变量、引入水平1变量、检验水平1随机斜率、检验跨水平交互作用等步骤进行探索性建模，通过系数检验及模型比较，最终确定的模型如下：

层1模型为

$$\ln \text{GDP}_{ij} = \beta_{0j} + \beta_{1j} \ln \text{EX}_{ij} + \beta_2 \ln \text{K}_{ij} + \beta_3 \ln \text{L}_{ij} + e_{ij}$$

层2模型为

$$\beta_{0j} = \gamma_{00} + \gamma_{01} \text{Area\_num} + u_{0j}$$

$$\beta_{1j} = \gamma_{10} + \gamma_{11} \text{Area\_num} + u_{1j}$$

组合模型为

$$\ln \text{GDP}_{ij} = \gamma_{00} + \gamma_{01} \text{Area\_num} + u_{0j} + (\gamma_{10} + \gamma_{11} \text{Area\_num} + u_{1j}) \ln \text{EX}_{ij} + \beta_2 \ln \text{K}_{ij} + \beta_3 \ln \text{L}_{ij} + e_{ij}$$

$$= \gamma_{00} + \gamma_{10} \ln \text{EX}_{ij} + \beta_2 \ln \text{K}_{ij} + \beta_3 \ln \text{L}_{ij} + \gamma_{01} \text{Area\_num} + \gamma_{11} \text{Area\_num} \times \ln \text{EX}_{ij}$$

$$+ (u_{0j} + u_{1j} \ln \text{EX}_{ij} + e_{ij})$$

利用SAS软件进行模型估计，计算结果见表5-13~表5-15。

表5-13　迭代情况表

Iteration	Evaluations	-2 Res Log Like	Criterion
0	1	800302.169	
1	2	782617.9092	0.00014078
2	1	782616.7852	0.00002108
3	1	782616.6299	0.00000067
4	1	782616.6253	0.00000000

表5-14　信息统计量

Neg2LogLike	Parms	AIC	AICC	HQIC	BIC	CAIC
782617	2	782621	782621	782622	782623	782625

表5-15　方差参数估计表

Cov Parm	Subject	Estimate	Standard Error	Z Value	Pr Z
UN(1,1)	Prov_num	0.02397	0.006395	3.75	<.0001
Residual		0.3796	0.00083	457.46	<.0001

由表5-13的迭代情况表明，模型经过4次迭代后成功收敛，说明模型拟合效果不错。表5-14为信息统计量指标，提供了对数似然值和5种信息统计量

（AIC、AICC、HQIC、BIC、CAIC），这是进行模型比较和模型选择的重要指标。表5-15为方差/协方差参数估计，可以看出方差/协方差都比较小，且其检验的p值均小于0.01，从另一个角度说明模型拟合效果不错。

模型设定中的TYPE为UN时，模型估计为方差/协方差成分的整体显著性检验提供了χ^2值。由表5-16可以看出，$\chi^2 = 17685.54$，相应的p值小于0.001，说明随机效应的方差/协方差的整体检验显著。

表5-16 空模型似然比检验

DF	Chi-Square	Pr > ChiSq
1	17685.54	<.0001

表5-17为模型的固定效应估计，各个变量的p值都小于0.001，说明各个变量的影响均显著，即出口、资本（资产总计）、劳动力以及区域差异都对区域经济产生了重要影响，写成公式的形式为

$$\ln GDP_{ij} = 2.4601 + 0.1784 \ln EX_{ij} + 0.5377 \ln K_{ij} + 0.1488 \ln L_{ij}$$
$$(110.27) \quad\quad (614.56) \quad\quad (124.57)$$
$$-0.3602 Area\_num + 0.04119 Area\_num \times \ln EX_{ij}$$
$$(-6.02) \quad\quad\quad\quad (24.07)$$

由上式可以看出，出口、资本（资产总计）、劳动力的系数均为正值，说明资本（资产总计）、出口和劳动力均对区域经济的发展产生了积极的推动作用，其中，资本（资产总计）对区域经济的影响最为明显，其次是出口对区域经济的拉动作用，再次是劳动力对区域经济的带动作用。区域差异与出口的交互作用项系数为正值，说明东部地区相对于中西部地区来说更能发挥地理位置优势。

表5-17 固定效应估计

Effect	Estimate	Standard Error	DF	t Value	Pr > |t|
Intercept	2.4601	0.03955	29	62.2	<.0001
Area_num	−0.3602	0.0598	29	−6.02	<.0001
lnEX	0.1784	0.001618	4.20E+05	110.27	<.0001
Area_num×lnEX	0.04119	0.001711	4.20E+05	24.07	<.0001
lnK	0.5377	0.000875	4.20E+05	614.56	<.0001
lnL	0.1488	0.001194	4.20E+05	124.57	<.0001

表 5-18 为模型的随机效应估计，可以看出各个省、自治区和直辖市之间的随机截距存在一定的差异，其中随机截距为正值的省区市代码为 12、13、32、33、34、37、41、42、43、50、51 和 54。

表 5-18　随机效应估计

Effect	省市代码	Estimate	Std Err Pred	DF	t Value	Pr > $|t|$
Intercept	11	−0.00376	0.0454	4.20E+05	−0.08	0.9339
Intercept	12	0.03159	0.04511	4.20E+05	0.7	0.4838
Intercept	13	0.02403	0.04524	4.20E+05	0.53	0.5953
Intercept	14	−0.1465	0.03961	4.20E+05	−3.7	0.0002
Intercept	15	−0.02131	0.04145	4.20E+05	−0.51	0.6072
Intercept	21	−0.09387	0.04507	4.20E+05	−2.08	0.0373
Intercept	22	−0.03783	0.03932	4.20E+05	−0.96	0.3361
Intercept	23	−0.1465	0.04039	4.20E+05	−3.63	0.0003
Intercept	31	−0.00181	0.04492	4.20E+05	−0.04	0.9679
Intercept	32	0.1727	0.04486	4.20E+05	3.85	0.0001
Intercept	33	0.04265	0.04484	4.20E+05	0.95	0.3416
Intercept	34	0.01609	0.03729	4.20E+05	0.43	0.666
Intercept	35	−0.04302	0.04493	4.20E+05	−0.96	0.3383
Intercept	36	−0.03661	0.03823	4.20E+05	−0.96	0.3382
Intercept	37	0.1834	0.04491	4.20E+05	4.08	<.0001
Intercept	41	0.5956	0.03681	4.20E+05	16.18	<.0001
Intercept	42	0.1321	0.03751	4.20E+05	3.52	0.0004
Intercept	43	0.06836	0.03753	4.20E+05	1.82	0.0685
Intercept	44	−0.08243	0.04484	4.20E+05	−1.84	0.066
Intercept	45	−0.01343	0.04595	4.20E+05	−0.29	0.7701
Intercept	46	−0.216	0.05382	4.20E+05	−4.01	<.0001
Intercept	50	0.1472	0.03846	4.20E+05	3.83	0.0001
Intercept	51	0.09443	0.03765	4.20E+05	2.51	0.0122
Intercept	52	−0.01639	0.04199	4.20E+05	−0.39	0.6962
Intercept	53	−0.1034	0.03935	4.20E+05	−2.63	0.0086
Intercept	54	0.004507	0.1243	4.20E+05	0.04	0.9711

续表

Effect	省市代码	Estimate	Std Err Pred	DF	t Value	Pr > |t|
Intercept	61	−0.06197	0.03945	4.20E+05	−1.57	0.1162
Intercept	62	−0.118	0.04403	4.20E+05	−2.68	0.0074
Intercept	63	−0.08441	0.0596	4.20E+05	−1.42	0.1567
Intercept	64	−0.07144	0.0472	4.20E+05	−1.51	0.1301
Intercept	65	−0.2138	0.04476	4.20E+05	−4.78	<.0001

2.外商投资对区域贸易的影响

按照建模步骤进行探索性建模，通过建立空模型、引入水平2解释变量、引入水平1变量、检验水平1随机斜率、检验跨水平交互作用等步骤进行探索性建模，通过系数检验及模型比较，最终确定的模型如下：

层1模型为

$$\ln \mathrm{EX}_{ij} = \beta_{0j} + \beta_{1j}\ln \mathrm{FDI}_{ij} + e_{ij}$$

层2模型为

$$\beta_{0j} = \gamma_{00} + \gamma_{01}\mathrm{Area\_num} + u_{0j}$$
$$\beta_{1j} = \gamma_{10} + \gamma_{11}\mathrm{Area\_num} + u_{1j}$$

组合模型为

$$\ln \mathrm{EX}_{ij} = \gamma_{00} + \gamma_{01}\mathrm{Area\_num} + u_{0j} + (\gamma_{10} + \gamma_{11}\mathrm{Area\_num} + u_{1j})\ln \mathrm{FDI}_{ij} + e_{ij}$$
$$= \gamma_{00} + \gamma_{10}\ln \mathrm{FDI}_{ij} + \gamma_{01}\mathrm{Area\_num} + \gamma_{11}\mathrm{Area\_num} \times \ln \mathrm{FDI}_{ij}$$
$$+ (u_{1j}\ln \mathrm{FDI}_{ij} + u_{0j} + e_{ij})$$

利用SAS软件进行模型估计，计算结果见表5-19~表5-21。

表5-19　迭代情况表

Iteration	Evaluations	−2 Res Log Like	Criterion
0	1	746234.1026	
1	2	743070.7918	0.00003184
2	1	743063.189	0.00001363
3	1	743060.027	0.00000397
4	1	743059.1527	0.00000052
5	1	743059.0467	0.00000001
6	1	743059.0443	0

表5-20　方差参数估计表

Cov Parm	Subject	Estimate	Standard Error	Z Value	Pr Z	Alpha	Lower	Upper
UN(1,1)	Prov_num	0.09316	0.02715	3.43	0.0003	0.05	0.05657	0.1816
Residual		2.2977	0.007223	318.13	<.0001	0.05	2.2837	2.312

表5-21　信息统计量

Neg 2 Log Like	Parms	AIC	AICC	HQIC	BIC	CAIC
743059	2	743063	743063	743064	743066	743068

由表5-19的迭代情况表明，模型经过6次迭代后成功收敛，说明模型拟合效果不错。表5-21为信息统计量指标，提供了对数似然值和5种信息统计量（AIC、AICC、HQIC、BIC、CAIC），这是进行模型比较和模型选择的重要指标。表5-20为方差/协方差参数估计，可以看出方差/协方差的 p 值均小于0.01，从另一个角度说明模型拟合效果不错。

模型设定中的TYPE为UN时，模型估计为方差/协方差成分的整体显著性检验提供了 χ^2 值。由表5-22可以看出， $\chi^2 = 3175.06$ ，相应的 p 值小于0.001，说明随机效应的方差/协方差的整体检验显著。

表5-22　空模型似然比检验

DF	Chi-Square	Pr > ChiSq
1	3175.06	<.0001

表5-23为模型的固定效应估计，各个变量的 p 值都小于0.001，说明FDI和区域差异对区域出口产生了重要影响，写成公式的形式为

$$\ln EX_{ij} = 7.2201 + 0.2751 \ln FDI_{ij} - 0.6742 Area\_num + 0.1069 Area\_num \times \ln FDI_{ij}$$
$$(26.84) \qquad\qquad (-4.67) \qquad\qquad\qquad (11.26)$$

由上式可以看出， $\ln FDI_{ij}$ 的系数为正值，说明外商直接投资对区域出口产生积极作用，利用外资带动了出口的发展，区域差异与外商直接投资的交互作用的系数为正值，说明区域差异对外商直接投资也产生了一定影响，东部地区相比

中西部地区来说更能发挥区域优势，促进出口的发展。

表5-23 固定效应估计

Effect	Estimate	Standard Error	DF	t Value	Pr > |t|
Intercept	7.2201	0.1121	29	64.41	<.0001
Area_num	−0.6742	0.1443	29	−4.67	<.0001
lnFDI	0.2481	0.009245	2.00E+05	26.84	<.0001
Area_num×lnFDI	0.1069	0.009497	2.00E+05	11.26	<.0001

表5-24为模型的随机效应估计，可以看出各个省、自治区和直辖市之间的截距存在一定的差异，其中随机截距为正值的省、自治区、直辖市代码为13、14、15、21、22、23、32、33、34、35、36、37、42、44、62、64和65。

表5-24 随机效应估计

Effect	省市代码	Estimate	Std Err Pred	DF	t Value	Pr > |t|
Intercept	11	−0.6285	0.09209	2.00E+05	−6.82	<.0001
Intercept	12	−0.1957	0.09062	2.00E+05	−2.16	0.0308
Intercept	13	0.139	0.09242	2.00E+05	1.5	0.1325
Intercept	14	0.4607	0.115	2.00E+05	4	<.0001
Intercept	15	0.2792	0.1125	2.00E+05	2.48	0.0131
Intercept	21	0.04161	0.09021	2.00E+05	0.46	0.6446
Intercept	22	0.1253	0.0952	2.00E+05	1.32	0.188
Intercept	23	0.1378	0.1066	2.00E+05	1.29	0.1962
Intercept	31	−0.2073	0.0893	2.00E+05	−2.32	0.0203
Intercept	32	0.1669	0.08917	2.00E+05	1.87	0.0612
Intercept	33	0.3345	0.08918	2.00E+05	3.75	0.0002
Intercept	34	0.04232	0.08627	2.00E+05	0.49	0.6238
Intercept	35	0.06732	0.08936	2.00E+05	0.75	0.4512
Intercept	36	0.1052	0.09259	2.00E+05	1.14	0.2558
Intercept	37	0.3572	0.08945	2.00E+05	3.99	<.0001
Intercept	41	−0.1142	0.08804	2.00E+05	−1.3	0.1947

Effect	省市代码	Estimate	Std Err Pred	DF	t Value	Pr > |t|
Intercept	42	0.1626	0.08689	2.00E+05	1.87	0.0614
Intercept	43	−0.04958	0.09374	2.00E+05	−0.53	0.5969
Intercept	44	0.2042	0.08893	2.00E+05	2.3	0.0217
Intercept	45	−0.1591	0.09973	2.00E+05	−1.6	0.1107
Intercept	46	−0.1202	0.1311	2.00E+05	−0.92	0.3592
Intercept	50	−0.2992	0.1011	2.00E+05	−2.96	0.0031
Intercept	51	−0.2118	0.09093	2.00E+05	−2.33	0.0199
Intercept	52	−0.3957	0.1363	2.00E+05	−2.9	0.0037
Intercept	53	−0.3801	0.1107	2.00E+05	−3.43	0.0006
Intercept	54	−0.07948	0.2936	2.00E+05	−0.27	0.7866
Intercept	61	−0.6519	0.1073	2.00E+05	−6.08	<.0001
Intercept	62	0.278	0.171	2.00E+05	1.63	0.104
Intercept	63	−0.08712	0.2454	2.00E+05	−0.36	0.7225
Intercept	64	0.3549	0.1599	2.00E+05	2.22	0.0264
Intercept	65	0.323	0.1411	2.00E+05	2.29	0.0221

5.4　本章小结

通过前面分层线性模型的分析发现，对外贸易的发展对我国工业经济的发展具有较大的影响作用，要继续保持国民经济的快速发展，应该继续坚持开发国内国外两个市场，发挥内需和外需两方面的拉动作用。外商投资的发展推动了国际贸易的发展，进而对经济增长产生了影响。随着世界经济的发展，世界经济一体化趋势越来越明显，国际贸易和国际投资是各国之间加强经济联系和影响的重要手段，并且贸易投资一体化趋势越来越明显。我国作为世界上保持较高增长速度的国家，抓住了世界经济一体化的机遇，有效利用了加入世贸组织的有利条件，积极吸引外商投资，大力发展外向型经济，有效推动了经济的较快发展。

通过不同行业的企业贸易对行业经济的影响研究，发现出口、资本（资产总

计）和劳动力对行业经济产生了积极的推动作用，带动了行业经济的发展，其中，资本（资产总计）对行业经济的影响最为明显，其次是出口对行业经济的拉动作用，再次是劳动力对行业经济的带动作用。行业类型（IND_type）与出口交互作用的系数为正值，说明出口对经济的拉动作用在外资比例高的企业更为重要。各个行业之间的截距存在一定的差异，说明国际贸易对经济的影响在不同行业之间存在较大差异。随机截距为正值的行业代码为13、16、22、23、25、26、28、30、32、33、39和40。从外商投资对行业出口的影响来看，外商直接投资对行业出口产生了积极作用，进而带动了行业经济的发展。行业类型（IND_type）以及行业类型与FDI交互项均显著，行业类型对行业出口产生了一定的影响。外商直接投资对出口的拉动作用在外商投资比例高的企业所起的作用更为重要。各个行业之间的截距存在一定的差异，其中随机截距为正值的行业代码为13、17、18、19、20、21、24、25、32、33、34、37、39、40和42。

通过不同区域的企业贸易对区域经济的影响研究发现，资本（资产总计）、出口和劳动力均对区域经济的发展产生了积极的推动作用，其中，资本（资产总计）对区域经济的影响最为明显，其次是出口对区域经济的拉动作用，再次是劳动力对区域经济的带动作用。区域差异与出口的交互作用项系数为正值，说明东部地区相对于中西部地区来说更能发挥地理位置优势。国际贸易对经济的影响在不同省、自治区、直辖市之间存在较大差异，其中随机截距为正值的省区市代码为12、13、32、33、34、37、41、42、43、50、51和54。从外商投资对区域出口的影响来看，外商直接投资对区域出口产生积极作用，利用外资带动了出口的发展，区域差异与外商直接投资的交互作用的系数为正值，说明区域差异对外商直接投资也产生了一定影响，东部地区相比中西部地区来说更能发挥区域优势，促进出口的发展。各个省、自治区、直辖市之间的截距存在一定的差异，其中随机截距为正值的省、自治区、直辖市代码为13、14、15、21、22、23、32、33、34、35、36、37、42、44、62、64和65。

目前我国制造的商品遍布世界各地，与此同时我国也面临着较大挑战：首先，我国产品的附加值普遍较低，尽管出口的商品很多但利润率很低；其次，贸易争端频发，针对我国的贸易摩擦逐年增多，涉及的贸易金额越来越大，发达国家针对我国商品的特点设置了越来越多的贸易壁垒；再次，人民币升值面临很大的压力，以美国为首的西方国家要求人民币升值呼声越来越高，尤其是美国的量化宽松政策更是对世界经济的掠夺，对我国也产生了深远的影响；最后，经济危机的影响还将持续一段时间，我国东南沿海的外向型经济受到经济危机的沉重打击，随着经济形势的好转虽有所提升，但经济危机的影响还将持续相当长的一段时间。

第6章

研究结论与对策建议

本书通过对我国行业数据、区域数据以及企业数据的分析，研究了国际贸易与经济增长之间的关系，探讨了外商直接投资对国际贸易的影响，并分析了贸易投资一体化背景下国际贸易对我国经济的影响作用，得出了一些有意义的结论，为进一步的研究、分析提供了新的视角和研究思路。

6.1 研究结论

6.1.1 国际贸易对行业经济的影响

第3章为行业数据分析，主要利用面板数据模型进行研究和分析。首先，研究了我国的制造业各行业出口对行业经济的影响，经过模型检验和模型选择，建立了行业固定效应模型，通过分析发现出口对制造业各行业经济产生了积极的推动作用，促进了制造业各行业的经济发展，出口每增长1个单位，工业总产值将增加0.53059个单位，但出口对行业经济的影响在不同行业之间存在一定的差异。相对而言，处于优势地位的行业包括食品加工业、石油加工及炼焦业、有色金属冶炼及压延加工业、纺织业、金属制品业、电气机械及器材制造业、皮革毛皮羽绒及其制品业、木材加工及竹藤棕草制品业、服装及其他纤维制品制造业、食品制造业、塑料制品业、家具制造业和非金属矿采选业等行业，这些行业中大部分都是劳动密集型行业以及资源型行业，我国的出口仍以劳动密集型产品和资源密集型产品为主，技术密集型行业和资本密集型行业仍处于劣势地位，生产技术水平有待提高，加工工艺仍需改进，产业升级势在必行。

第3章还利用面板数据模型研究了外商直接投资与制造业各行业出口之间的关系，通过模型检验和模型选择，建立了行业固定效应模型，通过分析发现外商直接投资是影响制造业各行业出口的重要因素之一，港澳台资本和外商资本的进入推动了我国制造业各行业的出口发展，并通过出口进一步带动了制造业经济发展，但这种推动作用在不同行业间存在一定差异。相对而言，处于相对优势地位的行业包括电子及通信设备制造业、仪器仪表及文化办公用机械制造业、煤炭采选业和烟草加工业等行业。

6.1.2 国际贸易对区域经济的影响

第4章为区域数据分析，主要利用面板协整模型进行研究，分析了我国的区域进出口、区域外商直接投资和区域经济之间的关系。首先按地域将我国分为东部地区、中部地区和西部地区等三大区域，分别建立了面板协整模型，通过分析发现，我国东部地区、中部地区和西部地区的进出口贸易、外商直接投资与经济增长之间存在稳定的面板协整关系。三大地区进出口和外商直接投资都对经济增长起一定的促进作用。我国东部地区、中部地区和西部地区之间存在较大的差异，其中，进出口和外商直接投资对西部地区和中部地区经济的拉动作用要强于对东部地区的拉动作用。对出现这种局面的原因进行了初步探讨，主要是因为东部地区、中部地区和西部地区的发展阶段存在一定差异，三大地区之间存在着技术差异以及三大地区之间资金和产品的丰富程度存在一定差异。

6.1.3 国际贸易对微观经济的影响

第5章为制造业企业数据分析，主要利用分层线性模型进行了研究，探讨了企业出口对企业经济的影响作用，发现企业出口对企业经济的发展产生了深远的影响。第5章的研究分为两个部分：一部分是针对行业的研究；另一部分是针对区域的研究。通过不同行业的企业贸易对行业经济的影响研究，发现出口、资本（资产总计）和劳动力的系数均为正值，说明出口、资本（资产总计）和劳动力对行业经济产生了积极作用，带动了行业经济的发展，其中，资本（资产总计）对行业经济的影响最为明显，其次是出口对行业经济的拉动作用，再次是劳动力对行业经济的带动作用。行业类型（IND_type）与出口交互作用的系数为正值，说明出口对经济的拉动作用在外资比例高的企业中更为重要。各个行业之间的截距存在一定的差异，说明国际贸易对经济的影响在不同行业之间存在较大差异。从外商直接投资对行业出口的影响来看，外商直接投资对行业出口产生重要影响，促进了行业出口的发展，行业类型以及行业类型与FDI交互项均显著，说明行业类型对行业出口产生了一定的影响。外商直接投资对出口的拉动作用在外商投资比例高的企业中所起的作用更为重要。不同行业之间的截距存在一定的差异，其中随机截距为正值的行业代码为13、17、18、19、20、21、24、25、

32、33、34、37、39、40和42。

通过不同区域的企业贸易对区域经济的影响研究发现，资本（资产总计）、出口和劳动力均对区域经济的发展产生了积极的推动作用，其中，资本（资产总计）对区域经济的影响最为明显，其次是出口对区域经济的拉动作用，再次是劳动力对区域经济的带动作用。区域差异与出口的交互作用项系数为正值，说明东部地区相对于中西部地区来说更能发挥地理位置优势。国际贸易对区域经济的影响在不同省、自治区和直辖市之间存在较大差异。从外商直接投资对区域出口的影响来看，外商直接投资对区域出口产生了积极作用，外商直接投资带动了出口的发展，区域差异与外商直接投资的交互作用的系数为正值，说明区域差异对利用外商直接投资也产生了一定影响，东部地区相比中西部地区来说更能发挥区域优势，促进出口的发展。

6.2 我国对外贸易和利用外资存在的问题及其原因

国际贸易的开展和外商直接投资的引进促进了我国经济的发展，加快了生产技术的升级换代，在一定程度上提高了我国人民的生活水平，但是由于我国的基础仍比较薄弱，在某些政策上还存在一定的不足，在对外贸易和利用外资方面仍存在一定的问题。

6.2.1 存在的问题

1.我国对外贸易大而不强

自改革开放以来，我国的对外贸易得到了迅速发展，使我国成为重要的世界贸易大国，但我国对外贸易大而不强，主要表现在以下几个方面：我国产品的附加值普遍较低，赚取的仅仅是少的可怜的加工费，我们的企业主要是靠大量出口来维持微薄利润；我国的产品大部分仍处于产业链的中低端，大部分产品缺乏核心技术，新产品、新技术的研发能力严重不足；劳动力价格优势是我国产品的主要竞争优势来源，近年来这种优势逐渐受到来自印度、越南以及非洲和拉丁美洲等第三世界国家的强烈挑战；我国产品的质量普遍不高，主要是靠价廉取胜，我国产品留给国外的印象就是质量次的便宜货，很难打入世界高端产品市场，并且

屡屡遭受反倾销、"特保"等贸易摩擦的困扰；与发达国家相比，我国的生产属于高投入、高消耗的生产，供出口的产品中许多是以资源高消耗和环境恶化为代价的，出口的可持续性严重不足；我国对大宗商品的控制力严重不足，承受着巨大的损失和压力，非常明显的便是铁矿石进口和大豆进口，我国是世界上第一大铁矿石进口国和大豆进口国，但却没有相应的定价权，铁矿石谈判年年谈，但屡屡折戟沉沙，据统计，铁矿石价格上涨使我国损失达7000亿元之巨，大豆的大量进口使我国的传统优势产业（大豆产业）面临崩溃的危险，并且由于大豆进口价格大幅度提高，我国为此付出了巨大的代价，进而威胁到我国的粮油安全和人民的身体健康。

2.国际贸易和外商投资加剧了区域发展不平衡

随着改革开放的深入和我国对外贸易的发展，我国对外贸易的产品结构发生了很大变化。在改革开放初期，从产品结构来看，农牧产品和工业初级加工品在出口产品中占据很大比例。从区域结构来看，中西部地区的产品出口在总出口中的比例较大，中西部地区获得了相对较多的收益。但随着我国经济的发展和社会的进步，在目前的贸易产品结构当中，占绝大多数的是工业制成品。从区域结构来看，东部地区的进出口占到全部进出口的90%以上，而中西部地区进出口所占的份额已不足10%。国际贸易的发展加剧了我国区域的不平衡。

外商投资的大幅度引入也对我国的区域不平衡起到了很大的影响作用。外商投资主要集中于我国的制造业和房地产业。我国东部地区在地域、技术和政策方面具有一定的优势，吸引了大部分的外商直接投资，工业制成品的出口增加，东部地区经济实力得到了增强，吸引外商投资的能力进一步得到了提升，外商直接投资进入的更多，由此形成了一种良性循环的机制。与东部地区相对应，中西部地区在吸引外商投资方面存在一定的劣势，技术升级相对滞后，经济发展速度放缓，中西部地区的资源开始大幅度向东部地区转移，逐渐变成了东部地区的原材料基地和产品销售市场，在国民经济中的地位进一步下降。

收入差距拉大是区域经济发展不平衡的重要表现之一，据中国社会科学院2011年的《社会蓝皮书》统计，2010年我国的基尼系数接近0.5（一般认为基尼系数大于0.4便已经处于警戒状态），我国经济的二元性特征变得更为明显。

我国是除非洲和南美洲部分国家外，基尼系数较高的国家，应引起足够的重视和警惕。

3.国际贸易和外商投资加剧了行业发展不平衡

对外贸易的开展和外商直接投资的引入提高了我国部分行业的生产技术水平，促进了部分行业的经济发展，在一定程度上加速了我国的工业化进程。但我们还应该看到，对外贸易和外商直接投资具有明显的行业集中性，在给我们带来利益的同时，也加剧了行业发展不平衡，对我国各行业的均衡发展造成了不利影响。

从对外贸易来看，我国对外贸易产品结构中，工业制成品占据着绝对优势，第一产业的产品出口所占的比重很小，农民从国际贸易中获得的利益非常少，再加上我国对农业的保护力度严重不足，致使我国农业处于非常尴尬的地位。出口的工业制成品中相当大一部分属于初级加工产品，这类产品都是大量消耗能源和原料的产品，我国相对具有竞争优势的行业为劳动密集型行业和资源密集型行业。而我国的技术密集型行业和资本密集型行业相对于发达国家来说要落后得多。

从外商投资来看，外商直接投资也具有明显的行业集中性，主要集中于我国的制造业和房地产业。近年来我国商品房价格大幅度攀升，投机性的外商投资在一定程度上起了推波助澜的作用。外商投资的目的是获取利润，主要投资于我国的制造业是因为能够获取较多的利润，外商投资主要集中于具有竞争优势的劳动密集型产业和资源密集型产业，他们看重的是我国的廉价劳动力和廉价资源以及我国的广阔市场。而对我国亟待提升技术水平的行业涉及较少，再加上我国的政策对某些行业的大幅度倾斜，致使我国部分行业的发展速度很快而另一部分行业发展速度很慢，各行业的发展速度很不平衡，各行业的利润率存在很大差异。适当的差异可以促使资源优化配置，但差异过大会使国家的均衡发展受到很大制约，会在一定程度上阻碍我国产业结构的升级和我国整体的生产技术水平的提升。

4.针对我国的贸易摩擦频繁发生

经过30多年的改革开放，国际产业不断向我国进行转移，我国现在已经发

展成为重要的工业制成品生产国。我国的对外贸易发展迅速，与之相伴随的是针对我国的贸易摩擦不断增加。自1995年开始，我国已连续15年为全球反倾销调查的最大受害国，我国为此蒙受了巨大的经济损失。尤其是近几年来，涉案金额不断增长，呈直线上升趋势，其中，2006年为21亿美元，2007年激增至46亿美元，2008年变为62亿美元，2009年更是突破100亿美元，达到了120亿美元。针对我国产品展开的贸易救济调查也逐年增多，仅2009年一年就有20个国家或地区对我国启动了118起贸易救济调查，与2008年相比增加了10起，其中反倾销75起，反补贴13起，涉华保障措施23起，特别保障措施7起。据《全球贸易摩擦研究报告2010》的数据显示，截至2009年底，全球针对我国的反倾销调查占到全球反倾销调查的75%以上，阿根廷、美国、加拿大、南非、欧盟和印度是主要的发起国和地区。

近年来，我国产品成为了欧美发达国家关注的主要对象，美国、欧盟和日本召回或通报的产品当中我国产品的比例很高，他们各自关注的产品存在一定的差异，但总体来看都是劳动密集型产品和资源密集型产品以及容易设置技术壁垒的产品，其中，美国召回/拒绝所针对的主要产品是儿童产品、食品、饮料和农产品等；欧盟所关注的主要产品是玩具、电器、服饰产品和照明设备等；日本扣留/通报的主要对象是我国的农副产品以及经加工的蔬菜、水果、谷物等农产加工食品等。美国还加大了对我国中高端电子信息产品的打压力度。近年来，美国对中高端电子信息产品的调查呈上升趋势，其中针对我国产品的调查占到15%。近年来，越来越多的案件涉及世界贸易组织，这些案件涉及我国的产业政策、对外贸易政策和投资政策。贸易摩擦的重点是我国具有比较优势的产业和产品。据《全球贸易摩擦研究报告2010》的数据显示，53%的反倾销调查涉及我国的化工产品、轻工产品和纺织产品，50%以上的反补贴调查涉及我国的冶金产品、化工产品和机械产品。

6.2.2 问题的根源

出现上述这样的问题是多方面的原因造成的，既包括自然环境方面的因素，也包括政策方面的原因，还包括国内外经济政治环境的影响等。

1.自然环境因素影响

我国是一个幅员辽阔的大国，各个地区之间存在很大的差异。东部地区与中西部地区相比，东部地区经济基础比较雄厚、产品的生产工艺处于相对先进的水平、文化教育程度和科学技术水平比较高、劳动力的综合素质比较好、市场的发育程度比较高、金融业发展比较快、资本相对充足、技术创新能力比较强。我国的东南沿海地区毗邻海洋，海洋运输方便，自古以来便是与外界联系的窗口。但同时我国东部地区也存在一定的劣势，东部地区的自然资源相对匮乏，能源短缺问题比较突出。我国中西部地区则恰恰相反，中西部地区的土地辽阔、自然资源比较丰富、劳动力虽然丰富但整体素质不高、科学技术能力落后、经济发展水平相对滞后、中西部地区的市场发育程度还不完善等诸多方面与东部地区存在较大的差距。我国各地区之间的这种经济差距本就存在，再加上我国在贸易政策和利用外资政策方面存在一定的差异，使得我国东部与中西部的差距变得更为明显。

与国外相比，我国的劳动力资源比较丰富并且价格低廉，部分自然资源相对比较丰富，但在技术方面存在不小的差距，创新能力不足。我国具有比较优势的产业主要集中于劳动密集型产业和资源密集型产业等技术比较成熟的产业，但我国的技术密集型产业和资本密集型产业发展相对滞后。

2.我国的对外开放政策本身存在一定的局限性

自1978年开始实施的对外开放政策促进了与国外的经济交流与合作，使我国更好地参与到国际分工和交换当中去，提高了我国的国际化水平，促进了我国经济的发展。但随着时间的推移和我国经济社会的发展，对外开放政策本身存在的一些局限性也开始渐露端倪。

首先，目标的局限性。在相当长的一段时间内，我国的对外开放政策变化是以外汇储备水平的变化为基础的，具有浓厚的重商主义色彩。当外汇储备不足时，便会采取鼓励出口的政策，努力增加外汇储备；当外汇储备充足时，便会取消对外贸企业的优惠政策。对外开放政策发生了变化便会对我国的对外开放水平和规模产生深远影响。对外开放政策以外汇储备为目标的这种特点使得我国的外汇储备迅速上升，在加入WTO后增长更为明显，2006年我国外汇储备达到10663.44亿美元，首次超越日本成为第一大外汇储备国，到2010年我国的外汇

储备达到28473.38亿美元。高额的外汇储备（表6-1）给我国带来了一些弊端，比如，外汇储备的增加引起了货币供应量的增加，引起了以房地产为代表的经济泡沫，对我国经济持续增长产生不利影响；高额的外汇储备和贸易顺差与外商直接投资之间存在着直接的关系，持续的贸易顺差以及贸易顺差持续扩大增加了与主要贸易国的贸易摩擦，对外贸易的可持续发展出现了一定的障碍；外汇储备的持续增加给人民币升值带来了巨大压力，欧美国家经常以巨额外汇储备和持续扩大的贸易顺差说事，来迫使人民币大幅度升值。

表6-1　2000—2010年我国外汇储备

时间	期末余额（亿美元）	同比增长率（%）
2000年	1655.74	7.05
2001年	2121.65	28.14
2002年	2864.07	34.99
2003年	4032.51	40.80
2004年	6099.32	51.25
2005年	8188.72	34.26
2006年	10663.44	30.22
2007年	15282.49	43.32
2008年	19460.30	27.34
2009年	23991.52	23.28
2010年	28473.38	18.68

资料来源：wind资讯。

其次，内容的局限性。在政策方面向出口行业和外商投资企业倾斜，采取一些优惠政策，这是我国对外开放政策的核心内容之一，这些政策的实施最终会在一定程度上削弱我国产品和我国企业的竞争力。在对外贸易领域，我国对加工贸易实施了比较多的税收和其他方面的优惠政策，促使许多企业开始向加工型企业转变，进而使得原料开始大量进口，这对我国的原材料产业产生了严重冲击，我国不合理的产业结构得以延续甚至恶化，对我国产业结构的优化升级产生了深远影响。在利用外资领域，利用外商投资的初衷是通过国际分工的方式引进国外的先进技术和管理理念，但在利用外资的实施过程中，我国过于强调外资数量以及对外资政策的过度倾斜，外商投资企业只是转移了生产环节和劳动密集型部分，而更为重要的核心技术、先进经营管理资源和品牌、营销网络仍牢牢掌握在外国企业手里。我国企业自身的竞争力不但没有得到提升，反而有所削弱，研发能力变得越来越差。

再次，配套机制的局限性。我国的配套机制仍滞后于经济的发展，需要进行配套机制的完善和改革，主要包括以下几个方面：为适应市场经济和对外交流的需要，我国的政府运作模式需要进行变革，我国的市场经济体制还不太成熟仍需要进一步完善；我国的物流系统和基础设施还与发达国家存在相当大的差距，需要进一步建立现代物流系统和加大基础设施建设；我国的金融机制与发达国家相比还非常年轻，很多方面还不适应现代经济的发展，金融体制需要改革，应该建立有效的资本市场；再一方面便是我们还需要转变观念和培育现代企业家精神等。这些都不是一朝一夕可以完成的，还有很长的路要走。

3.国际经济政治环境的影响

近年来，贸易保护主义出现抬头的迹象，这促使贸易摩擦频发。WTO 的根本宗旨和原则之一是实现公平贸易以及全世界人民的共同富裕。欧美发达国家虽然声称提倡贸易自由化，但他们为了自身的利益，时常实行贸易保护主义，他们经常以我国存在长期的贸易顺差为借口，推行贸易保护主义的措施，针对我国的反倾销、贸易保障措施和特别保障措施越来越频繁。

以美国为首的世界主要发达资本主义国家要求实现"全球经济再平衡"，对我国形成了很大压力。金融危机爆发后，认为金融危机与全球经济失衡存在密切联系的观点在发达国家中甚为流行，在2009年召开的G20峰会上美国总统奥巴马提出了将"全球经济再平衡"作为G20匹兹堡金融峰会的议题之一。这种观点要求中国通过降低出口或增加进口来解决我国的巨额贸易顺差问题，同时我国的经济增长动力应该从依靠外贸增长转向依靠内需增长。欧美发达国家不断要求人民币进行大幅度升值，不断采取贸易保护主义手段，对我国展开贸易战，近几年针对我国的贸易救济案件调查大幅度上升。

对外贸易的产品结构和类型决定着贸易摩擦的多少。以农产品和矿产为主的

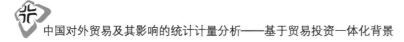

自然资源密集型产品和劳动密集型产品比较容易引发贸易摩擦，并且贸易摩擦产生后很难解决。我国遭受贸易摩擦的产品大多集中在农产品、纺织品、钢铁产品以及服装产品和鞋类等。

6.3 对策与建议

根据前面的分析和研究发现，随着改革开放的深入发展以及加入WTO的有利时机，我国对外贸易获得了很大的发展。国际贸易的开展在一定程度上促进了我国区域经济、行业经济的发展和企业经济效益的提高，外商投资的进入对国际贸易的开展产生了深远的影响，不但在一定程度上促进了国际贸易的发展，而且逐渐呈现了贸易投资一体化的趋势，改变了传统的国际贸易的方式和格局，使我国的国际贸易呈现了新的特点。但是由于地理位置的不同、技术的差异等原因致使国际贸易和外商投资对我国的不同区域、不同行业和不同性质的企业的影响作用存在很大差异，在一定程度上促使区域不平衡和行业不平衡的加剧，并且由于外商投资的大量进入，跨国公司加速了对我国经济的控制，某些关系国计民生的产业已经被外商投资所控制，某些传统优势产业已经处于崩溃的边缘，我国的产业安全面临挑战。为更好地发挥国际贸易和外商投资对我国经济的促进作用，同时避免不利局面的出现，应该从以下几个方面进行努力：

1.继续坚持对外开放政策

我国顺应时势实行了对外开放政策，扩大了与国外的交流，促进了我国对外贸易的发展。通过引进大量的外商投资，有效地缓解了我国资金不足的压力，在一定程度上起到了提高我国的技术水平和管理经验的作用，推动了我国经济的快速发展。对外贸易和外商投资已经发展成为我国经济增长的重要动力源。我们应该继续坚持对外开放政策，同时加强相关制度的建设，创造良好的投资贸易环境，促进我国经济的持续快速发展。

2.积极应对贸易争端

近年来，针对我国产品的贸易摩擦逐年增多，给我国造成了巨大的经济损失，这些贸易摩擦既包括关税壁垒，又包括以反倾销、反补贴、保障措施和技术性贸易壁垒等非关税壁垒。我国的"市场经济地位"没有得到完全承认，导致国外企业对我国产品展开反倾销调查有了更多便利，并且大大增加了我国企业应诉的困难性，使我国处于非常不利的地位。我国企业对WTO的规则还不太熟悉，在国际法律和经贸等方面的专业人才仍比较缺乏，欠缺国际经验，信心严重不足，既缺乏应对诉讼的积极性和胆量，也缺乏提起诉讼的能力和勇气。在遭受反倾销或反补贴等调查时，我国大多数企业都不去应诉，这更加助长了国外企业对我国产品发起调查的气焰，使我国产品面临很大的冲击。

我们应该针对国际贸易争端的特点，制定相应的应对策略。首先是要加快我国的市场化改革，建立现代企业制度，改变目前产权不清的不利局面。其次，商务部、国家发改委等相关部门应与相关国家积极磋商，争取让欧美各国早日承认我国的"市场经济地位"。组织学者和相关企业加强对贸易争端解决机制的研究，加强对国际规则的研究，增加解决贸易争端的国际经验。再次，我国的企业要了解和熟悉国际贸易规则，尽量避免被控倾销，但如果被控就要积极应诉，避免被征反倾销税。最后，要积极利用WTO规则保护我国的利益，针对国外倾销的产品展开反倾销调查，针对国外的恶意贸易摩擦要进行一定的贸易报复。

3.提高利用外商投资的质量

我国吸引外商投资的优势主要是丰富而廉价的劳动力资源和部分自然资源，随着世界经济结构的变化，国际分工体系不断发生变化，科学技术日新月异，外商投资进入中国的方式和途径也发生了一定的变化，出现了模块化生产方式。在这样的国际分工体系中，上游的产品研发阶段和高附加值创造阶段以及下游的与生产配套的服务阶段的利润空间最大，而以劳动密集型为特征的组装加工阶段的价值最小、利润最低，我国正处于这样一个劳动密集型组装加工阶段，我国企业获得的利润极为有限，贫困化增长已初露端倪。外商投资企业主要经营加工贸易，留给我们的附加值很低，相对于资本输出国来说赚取的利润非常有限，并且由于外商投资的大量进入加速了行业垄断的产生，比如大豆及其豆油压榨业已经被国外的跨国集团垄断。因此，我们要转变利用外商投资的思想，要把重点从利用外资的数量转变到利用外资质量上来，我国的相关部门应该进行有效引导和规范，鼓励外商多投资于我国的技术亟待提升的行业，鼓励外商投资于我国的农业

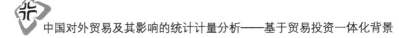

和服务业，鼓励外商多投资于我国的中西部地区，同时对高污染行业的外资引进采取必要约束措施，并且对于引进的外商投资要有效监管，防止出现行业垄断的不利局面。

4.加强对弱势产业的保护

我国是发展中国家，与发达国家相比一些产业的竞争力还比较弱，我们应该加以保护和振兴。首先来说，我国的农业发展比较滞后，在国民经济中所占的比重很低，但我国13亿人口当中有8亿是农业人口，并且农业关系到我国的食品安全、粮油安全，与人民的身体健康息息相关，大豆产业的现状已经为我们敲响了警钟，因此，我们必须在WTO规则允许的情况下对农业加以保护，我们应该制定相应的农业振兴计划，加大对农业的投入和对农民的补贴，也可以对出口的农产品进行适当补贴，这对于提高我国农产品的竞争力、缩小城乡差距和维护社会稳定意义重大。我们应该借鉴美国的"绿箱政策"和"黄箱政策"，对价格和收入进行支持，重视农业基础设施建设，鼓励和促进农产品出口，提高农业的科技化水平，加强农业保险和保障措施等配套设施和相关制度的建设，将对农产品支持幅度逐步提高到加入WTO时承诺的8.5%。对于一些资源性行业要制定可持续发展策略，对于一些关系重大的资源产品要对其出口进行限制，比如，稀土多年来以"白菜价"进行出口，不但使我国的稀土资源大量流失，而且对我国未来的发展会产生较大影响，因此，我国做出对稀土行业限制出口的政策是非常明智的，其他类似的资源性行业也应该做出相应的决定。对于一些制造业行业，尤其是一些劳动密集型行业应该加以扶持，这对缓解我国日益严重的就业压力意义重大，可以适当给予一定的政策性优惠，并鼓励其向产业链的高端进军，提高产品的技术水平和附加值水平，逐步实现可持续性发展。

5.逐步缩小我国的区域差异

我国东中西三大区域之间存在较大的差异，这对我国的持续健康发展是很大的一个障碍，我们应该采取切实有效的措施来逐步缩小区域差异。应该从以下几个方面入手：继续贯彻执行西部大开发战略，加强中西部地区的基础设施建设投入，加速中西部地区的配套设施建设，为中西部地区创造良好的投资环境；加大对中西部地区的教育和科技投入，提高中西部地区的劳动力素质，提高其产品研发能力；国家政策要适当向中西部进行倾斜，给予中西部地区相对优惠的条件，逐步取消外商投资在东部地区的"超国民待遇"，大力促进外商投资向中西部地区和东北老工业基地的梯度转移，鼓励外商在中西部地区投资建厂；开发具有地方特色的产品和品牌，我国的中西部地区的资源和物产比较丰富，但缺乏具有明显地方特色的产品和品牌，我们应鼓励地方政府和企业因地制宜，开发出具有地方特色的产品，提高产品的深加工程度，建立自己的名牌产品，并迅速占领国内外市场，促进中西部地区的经济发展。

6.加快产业结构调整步伐

要增强我国产品的竞争力，关键在于提高我国产品的技术水平和增强我国的创新能力。我们需要改善目前在国际产业链的落后状况，应该向产业链的高端进军，改变目前只是作为产品加工厂的不利局面。我们需要改进我国对外贸易的产品结构，加快我国产业结构调整的步伐，加快生产方式的转变，实现由粗放式生产逐步过渡到集约式生产。无规矩不成方圆，相关政府部门需要制定切实可行的战略规划，提出我国产业结构升级的具体目标和时间点。需要加大科技投入，鼓励重大技术创新的研究，实现生产技术的升级换代。应该加强对有关行业的引导和规范，政策制定可适当向亟待提升技术水平的产业倾斜，对于已经过时的落后生产技术要逐步引导其改进生产技术或促使其逐步退出生产，实现生产技术的升级换代。对于一些关系国计民生的重要行业，应该加大扶持力度，投入大量资金进行生产技术改造。这不但关系到这些重要行业的健康发展，而且会与我国人民的幸福生活息息相关。对外商投资的去向进行引导和监督，引导外商加大对第一产业和第三产业的投资，引导外商增加对重工业的投资，引导外商减少对消费品工业的投资，引导外商投资向技术密集型产业的投资等。

6.4　有待进一步展开的工作

通过对全书的总结，可以认识到以下有待改进之处：

首先，关于国际贸易对经济的影响研究，有学者采用CGE模型进行研究，但CGE模型需要大量数据的支持，需要购买专门的数据库，由于数据的不可得性，本书没有采用CGE模型来进行研究，但将来如果能有幸得到相关数据支

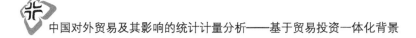

持，一定会尝试采用CGE模型来进行研究和评估。

其次，文章有关企业数据的研究中，由于数据库的调查数据质量问题，在数据的筛选过程中损失了许多的信息，这会对研究结论产生一定的影响，将来会对原始数据采用更为有效的处理方式，既能弥补数据质量差的不足，又尽量减少信息的损失。

再次，本书在对企业数据的研究当中，仅仅就行业和区域两个角度进行了研究，对有效信息的挖掘尚显不足，对于企业数据仍有许多角度可以探讨，应该从更多角度进行更为深入的分析和研究。

附　录

附录1

第3章 sas 程序代码：

```
/*print sample*/
proc print data=sas.ch6(obs=36);
run;
title 'The Influence of Trade';


/*sort*/
proc sort data=sas.ch3;
by i t;
run;


/*pooled ols*/
proc reg data=sas.ch3;
model y=x1 x2 x7 x15;
run;


/* one way fixed firm effects*/
proc sort data=sas.ch3;
by i t;
run;
proc tscsreg data=sas.ch3;
```

```
id i t;

model y= x1 x2 x7 x15 / fixone noint;

run;

/* F statistics 1*/

data Ftest;

ee1=881572163;

ee2=145734533.1;

F=(ee1−ee2)*356/(35*ee2);

Fcrit=finv(.95,35,356);

result="no fix effects";

if F>Fcrit

then result=" Yes Fix Effects ";

run;

proc print;

run;


/* one way fixed time effects*/

proc sort data=sas.ch3;

by t i;

run;

proc tscsreg data=sas.ch3;

id t i ;

model y= x1 x2 x7 x15 / fixone noint;

run;


/* F statistics 2*/

data Ftest;

ee1=881572163;
```

```
ee2= 777217104.5;
F=(ee1−ee2)*381/(10*ee2);
Fcrit=finv(.95,10,381);
result="no TIME effects";
if F>Fcrit
then result=" yes TIME effects ";
run;
proc print;
run;


/*Two way fixed effects*/
proc sort data=sas.ch3;
by i t;
run;
proc tscsreg data=sas.ch3;
id i t;
model y=x1 x2 x7 x15/fixtwo noint;
run;


/* one way random firm effects*/
proc sort data=sas.ch3;
by i t;
run;
proc tscsreg data=sas.ch3;
id i t ;
model y= x1 x2 x7 x15 /ranxone;
run;
```

```
/* one way random time effects*/

proc sort data=sas.ch3;

by t i;

run;

proc tscsreg data=sas.ch3;

id  t i ;

model y= x1 x2 x7 x15/ranxone;

run;


/*Two way random effects*/

proc sort data=sas.ch3;

by i t;

run;

proc tscsreg data=sas.ch3

id i t;

model y=x1 x2 x7 x15/rantwo ;

run;


title 'The Influence on the export of FDI';

/*pooled ols of FDI*/

proc reg data=sas.ch3;

model x1= x11 x12;

run;


/* one way fixed firm effects of FDI*/

proc sort data=sas.ch3;

by i t;

run;
```

```
proc tscsreg data=sas.ch3;
id i t;
model x1= x11 x12 / fixone noint;
run;

/* F statistics 3*/
data Ftest;
ee1=103354182;
ee2=21604816.17;
F=(ee1-ee2)*358/(35*ee2);
Fcrit=finv(.95,35,358);
result="no fix effects";
if F>Fcrit
then result=" Yes Fix Effects ";
run;
proc print;
run;

/* one way fixed time effects of FDI*/
proc sort data=sas.ch3
by t i;
run;
proc tscsreg data=sas.ch3;
id t i;
model x1=x11 x12/ fixone;
run;

/* F statistics 4*/
```

```
data Ftest;

ee1=103354182;

ee2=97505885.60;

F=(ee1−ee2)*383/(10*ee2);

Fcrit=finv(.95,10,383);

result="no TIME effects";

if F>Fcrit

then result=" yes TIME effects ";

run;

proc print;

run;


/*Two way fixed effects*/

proc sort data=sas.ch3;

by i t;

run;

proc tscsreg data=sas.ch3;

id i t;

model x1=x11 x12 /fixtwo ;

run;


/* one way random firm effects of FDI*/

proc sort data=sas.ch3;

by i t;

run;

proc tscsreg data=sas.ch3;

id i t;

model x1= x11 x12 /ranone;

run;
```

```
/* one way random time effects of FDI*/
proc sort data=sas.ch3;
by t i;
run;
proc tscsreg data=sas.ch3;
id t i;
model x1= x11 x12 /ranone;
run;


/* two way random effects of FDI*/
proc sort data=sas.ch3;
by i t;
run;
proc tscsreg data=sas.ch3a;
id i t;
model x1= x11 x12 / rantwo;
run;
```

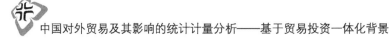

附录2

表1 1980—2012年中国出口产品结构

年份 （年）	出口总额 （亿美元）	初级产品 出口额（亿美元）	工业制成品 出口额（亿美元）	初级产品 比例（%）	工业制成品 比例（%）
1980	181.19	91.14	90.05	50.30	49.70
1981	220.10	102.48	117.59	46.56	53.43
1982	223.20	100.50	122.71	45.03	54.98
1983	222.30	96.20	126.06	43.27	56.71
1984	261.40	119.34	142.05	45.65	54.34
1985	273.50	138.28	135.22	50.56	49.44
1986	309.40	112.72	196.70	36.43	63.57
1987	394.40	132.31	262.06	33.55	66.45
1988	475.20	144.06	331.10	30.32	69.68
1989	525.38	150.78	374.60	28.70	71.30
1990	620.91	158.86	462.05	25.59	74.41
1991	719.10	161.45	556.98	22.45	77.46
1992	849.40	170.04	679.36	20.02	79.98
1993	917.44	166.66	750.78	18.17	81.83
1994	1210.06	197.08	1012.98	16.29	83.71
1995	1487.80	214.85	1272.95	14.44	85.56
1996	1510.48	219.25	1291.23	14.52	85.48
1997	1827.92	239.53	1588.39	13.10	86.90
1998	1837.09	204.89	1632.20	11.15	88.85
1999	1949.31	199.41	1749.90	10.23	89.77
2000	2492.03	254.60	2237.43	10.22	89.78
2001	2660.98	263.38	2397.60	9.90	90.10
2002	3255.96	285.40	2970.56	8.77	91.23
2003	4382.28	348.12	4034.16	7.94	92.06
2004	5933.26	405.49	5527.77	6.83	93.17
2005	7619.53	490.37	7129.16	6.44	93.56
2006	9689.78	529.19	9160.17	5.46	94.53

年份 （年）	出口总额 （亿美元）	初级产品 出口额（亿美元）	工业制成品 出口额（亿美元）	初级产品 比例（%）	工业制成品 比例（%）
2007	12204.56	615.09	11562.67	5.04	94.74
2008	14306.93	779.57	13527.36	5.45	94.55
2009	12016.12	631.12	11384.83	5.25	94.75
2010	15777.54	816.86	14960.69	5.18	94.82
2011	18983.81	1005.45	17978.36	5.30	94.70
2012	20487.14	1005.58	19481.56	4.91	95.09

资料来源：中经网统计数据库。

表2 1980—2012年中国进口产品结构

年份 （年）	进口总额 （亿美元）	初级产品 进口额（亿美元）	工业制成品 进口额（亿美元）	初级产品 比例（%）	工业制成品 比例（%）
1980	200.17	69.59	130.58	34.77	65.23
1981	220.20	80.44	139.71	36.53	63.45
1982	192.90	76.34	116.51	39.57	60.40
1983	213.90	58.08	155.82	27.15	72.85
1984	274.10	52.08	222.02	19.00	81.00
1985	422.52	52.89	369.63	12.52	87.48
1986	429.10	56.49	372.55	13.16	86.82
1987	432.10	69.15	363.01	16.00	84.01
1988	552.70	100.68	452.07	18.22	81.79
1989	591.40	117.54	473.86	19.87	80.13
1990	533.45	98.53	434.92	18.47	81.53
1991	637.91	108.34	529.57	16.98	83.02
1992	805.85	132.55	673.30	16.45	83.55
1993	1039.59	142.10	897.49	13.67	86.33
1994	1156.14	164.86	991.28	14.26	85.74
1995	1320.84	244.17	1076.67	18.49	81.51
1996	1388.33	254.41	1133.92	18.32	81.68
1997	1423.70	286.20	1137.50	20.10	79.90
1998	1402.37	229.49	1172.88	16.36	83.64
1999	1656.99	268.46	1388.53	16.20	83.80
2000	2250.94	467.39	1783.55	20.76	79.24
2001	2435.53	457.43	1978.10	18.78	81.22
2002	2951.70	492.71	2458.99	16.69	83.31
2003	4127.60	727.63	3399.96	17.63	82.37
2004	5612.29	1172.67	4439.62	20.89	79.11
2005	6599.53	1477.14	5122.39	22.38	77.62
2006	7914.61	1871.29	6043.32	23.64	76.36
2007	9561.16	2430.85	7128.65	25.42	74.56
2008	11325.67	3623.95	7701.67	32.00	68.00

年份 （年）	进口总额 （亿美元）	初级产品 进口额（亿美元）	工业制成品 进口额（亿美元）	初级产品 比例（%）	工业制成品 比例（%）
2009	10059.23	2898.04	7161.19	28.81	71.19
2010	13962.44	4338.50	9623.94	31.07	68.93
2011	17434.84	6042.69	11392.15	34.66	65.34
2012	18184.05	6349.34	11834.71	34.92	65.08

资料来源：中经网统计数据库。

表3 2005—2012年我国各行业实际利用外资   单位:亿美元

指标	2005年	2006年	2007年	2008年	2009年	2010年	2011年	2012年
实际利用外商直接投资	603.25	630.21	747.68	923.95	900.33	1057.35	1160.11	1117.16
农、林、牧、渔业	7.18	5.99	9.24	11.91	14.29	19.12	20.09	20.62
采矿业	3.55	4.61	4.89	5.73	5.01	6.84	6.13	7.70
制造业	424.53	400.77	408.65	498.95	467.71	495.91	521.01	488.66
电力、燃气及水的生产和供应业	13.94	12.81	10.73	16.96	21.12	21.25	21.18	16.39
建筑业	4.90	6.88	4.34	10.93	6.92	14.61	9.17	11.82
交通运输、仓储和邮政业	18.12	19.85	20.07	28.51	25.27	22.44	31.91	34.74
信息传输、计算机服务和软件业	10.15	10.70	14.85	27.75	22.47	24.87	26.99	33.58
批发和零售业	10.39	17.89	26.77	44.33	53.90	65.96	84.25	94.62
住宿和餐饮业	5.60	8.28	10.42	9.39	8.44	9.35	8.43	7.02
金融业	2.20	2.94	2.57	5.73	4.56	11.23	19.10	21.19
房地产业	54.18	82.30	170.89	185.90	167.96	239.86	268.82	241.25
租赁和商务服务业	37.45	42.23	40.19	50.59	60.78	71.30	83.82	82.11
科学研究、技术服务和地质勘查业	3.40	5.04	9.17	15.06	16.74	19.67	24.58	30.96
水利、环境和公共设施管理业	1.39	1.95	2.73	3.40	5.56	9.09	8.64	8.50
居民服务和其他服务业	2.60	5.04	7.23	5.70	15.86	20.53	18.84	11.65
教育	0.18	0.29	0.32	0.36	0.13	0.08	0.04	0.34

指标	2005年	2006年	2007年	2008年	2009年	2010年	2011年	2012年
卫生、社会保障和社会福利业	0.39	0.15	0.12	0.19	0.43	0.90	0.78	0.64
文化、体育和娱乐业	3.05	2.41	4.51	2.58	3.18	4.36	6.35	5.37

资料来源：国家统计局数据库。

参考文献

[1] 亚当·斯密. 国富论[M]. 唐日松, 译. 北京:华夏出版社, 2005.

[2] 大卫·李嘉图. 政治经济学及赋税原理[M]. 丰俊功, 译. 北京:光明日报出版社, 2009.

[3] 许心礼, 等.西方国际贸易新理论[M].上海:复旦大学出版社, 1989.

[4] Heckscher Eli F. The effect of foreign trade on the distribution of income[J]. Ekonomisk Tidskrift, 1919.

[5] Ohilin Bertil. 区际贸易与国际贸易[M].逯宇铎, 译.北京:华夏出版社, 2008.

[6] Samuelson Paul A. International Trade and the Equalisation of Factor Prices[J]. The Economic Journal, 1948.

[7] Samuelson Paul A, Prices of Factors and Good in General Equilibrium[J]. The Review of Economic Studies, 1953.

[8] Leontief Wassily, Domestic Production and Foreign Trade: The American Capital Position Re-Examined [J]. Proceedings of the American Philosophical Society, 1953.

[9] Leontief Wassily. Factor Proportions and the Structure of American Trade: Further Theoretical and Empirical Analysis[J]. The Review of Economics and Statistics, 1956.

[10] Kemp M C. The gains from international trade[J]. Economic Journal, 1962.

[11] Kemp M C. The gains from free trade[J]. International Economic Review, 1972.

[12] Kemp M C. The Gains from Trade and the Gains from aid[M]. London:Routledge, 1995.

[13] Helpman E, Krugman PR, Krugman Paul P, Market structure and foreign trade[M]. Cambridge: MIT press, 1985.

[14] Vernon Raymond. International Investment and International Trade in the Product Cycle[J]. Quarterly Journal of Economics, 1966.

[15] Linder Staffan Burenstam. An essay on trade and transformation[M]. Stockholm: Almqvist & Wicksell, 1961.

[16] 迈克尔·波特. 竞争战略[M]. 陈小悦, 译. 北京:华夏出版社, 2005.

[17] 迈克尔·波特. 竞争优势[M]. 陈小悦译. 北京:华夏出版社, 2006.

[18] 迈克尔·波特. 国家竞争优势[M]. 李明轩, 邱如美, 译. 北京:华夏出版社, 2002.

[19] 罗伯特·逊. 国际贸易的未来[M]. 国际贸易论文集, 1949.

[20] 纳克斯.不发达国家的资本形成问题[M].北京:商务印书馆,1966.

[21] Corden W Max. Trade Policy and Economic Welfare[M]. Oxford University Press, 1974.

[22] Kahn R F. The Relation of Home Investment to Unemployment[J]. The Economic Journal, 1931.

[23] 凯恩斯. 就业、利息和货币通论[M]. 宋韵声,译. 北京:华夏出版社,2005.

[24] Harrod R F. International economics[M]. Cambridge University Press, 1933.

[25] Machlup F. International Trade and the National Income Multiplier[M]. The Blakiston company. 1943.

[26] Thirlwall A P. The Economics of Growth and Development[M]. Edward Elgar Publishing Limited, 1995.

[27] Romer Paul M. Increasing Returns and Long-Run Growth[J]. The Journal of Political Economy, 1986.

[28] Romer Paul M. Endogenous Technological Change[J]. The Journal of Political Economy, 1990.

[29] Lucas R E Jr. On the mechanics of economic development[J]. Journal of monetary economics, 1988.

[30] Prebisch Raul. The economic development of Latin America and its principal problems. UN document, 1950.

[31] Edgeworth F Y. Theory of International Values[J]. The Economic Journal, 1894.

[32] Singer H W. The Distribution of Gains between Investing and Borrowing Countries[J] The American Economic Review, 1950.

[33] Bhagwati J. Immiserizing Growth: A Geometric Note[J]. Review of Economic Studies, 1958.

[34] 彼得·林德特.国际经济学[M].北京:经济科学出版社,1992.

[35] Irving B. Kravis, Trade as a Handmaiden of Growth: Similarities Between the Nineteenth and Twentieth Centuries[J]. The Economic Journal,1970.

[36] Crafts N F R. Trade as a Handmaiden of Growth: An Alternative View[J]. The Economic Journal, 1973.

[37] Riedel James. Trade as the Engine of Growth in Developing Countries, Revisited[J]. The Economic Journal, 1984.

[38] Lewis W Arthur. The Slowing Down of the Engine of Growth[J]. The American Economic Review, 1980.

[39] Sachs Jeffrey D, Warner Andrew M. Natural Resource Abundance and Economic Growth[M]. Cambridge: Harvard Institute for International Development, 1995.

[40] Balassa B. Exports and economic growth: further evidence[J]. Journal of Development Economics, 1978.

[41] Balassa B. Exports, Policy Choices, and Economic Growth in Developing Countries after the 1973 Oil Shock[J]. Journal of Development Economics, 1985.

[42] Tyler William. Growth and export expansion in developing countries: Some empirical evidence[J]. Journal of Development Economics, 1981.

[43] Kavoussi Rostam. Export Expansion and Economic Growth:Further Empirical Evidence[J]. Journal of Development Economics, 1984.

[44] Jung Woo S, Marshall Peyton J. Exports, growth and causality in developing countries[J]. Journal of Development Economics, 1985.

[45] Marin Dalia. Is the Export−Led Growth Hypothesis Valid for Industrialized Countries?[J]. The Review of Economics and Statistics, 1992.

[46] Din Musleh. Exports, Imports, and Economic Growth in South Asia−Evidence Using a Multivariate Time−series Framework[J]. The Pakistan Development Review, 2004.

[47] Patel Surendra J. Export Prospects and Economic Growth:India[J]. The Economic Journal, 1959.

[48] Sharma Abhijit, Panagiotidis Theodore. An Analysis Of Exports And Growth In India: Some Empirical Evidence (1971 − 2001) [R]. Sheffield Economic Research Paper Series,SERP Number: 2003004.

[49] Halicioglu Ferda. A Multivariate Causality Analysis of Export and Growth for Turkey[R]. EERI Research Paper Series No 5, 2007.

[50] Sjoholm Fredrik. Exports, Imports and Productivity: Results from Indonesian Establishment Data [J]. World Development, 1999.

[51] Ramos Francisco F. Ribeiro. Exports, imports, and economic growth in Portugal: evidence from causality and cointegration analysis[J], Economic Modelling, 2001.

[52] Kwan Andy C C, Kwok Benjamin. Exogeneity and the Export−Led Growth Hypothesis: The Case of China[J]. Southern Economic Journal, 1995.

[53] Shan Jordan, Sun Fiona. On the export−led growth hypothesis:the econometric evidence from China [J]. Applied Economics, 1998.

[54] Liu XiaoHui, Burridgez Peter, et al. Relationships between economic growth,foreign direct investment and trade:evidence from China[J]. Applied Economics, 2002.

[55] Sun Haishun, Ashok Parikh. Exports, Inward Foreign Direct Investment (FDI) and Regional Economic Growth in China[J]. Regional Studies, 2001.

[56] Mun Thomas. England′s Treasure by Forraign Trade[M]. BiblioLife, 1664.

[57] MacDougall G D A. The Benefits and Costs of Private Investment from Abroad: A Theoretical Approach[J]. Economic Record, 1960.

[58] Chenery Hollis B, Strout Alan M. Foreign Assistance and Economic Development[J]. The American Economic Review, 1966.

[59] Bacha Edmar L. A three−gap model of foreign transfers and the GDP growth rate in developing countries[J]. Journal of Development Economics, 1990.

[60] Taylor L. Foreign Resource Flows and Developing Country Growth[M]. Helsinki: Wider,1991.

[61] Taylor L. The Rocky Road to Reform: Adjustment, Income Distribution, and Growth in the Developing World[M]. Cambridge: MIT Press, 1993.

[62] Streeten Paul. Development Perspectives[M]. the Macmillan Press Ltd., 1981.

[63] Balasubramanyam V N, Salisu M, Sapsford David. Foreign Direct Investment and Growth in EP and is Countries[J]. The Economic Journal,1996.

[64] Borensztein E, Gregorio J De, Lee J−W. How does foreign direct investment affect economic growth?[J]. Journal of International Economics, 1998.

[65] Luiz R. de Mello Jr. FDI−led growth: evidence from time series and panel data[R]. Oxford Economic Papers, 1999 −Oxford Univ Press.

[66] Chowdhury Abdur, Mavrotas George. FDI and Growth: A Causal Relationship[R]. Research Paper No. 2005/25, United Nations University, 2005.

[67] Vita Glauco de, Kyaw Khine S. Growth effects of FDI and portfolio investment flows to developing countries: a disaggregated analysis by income levels[J]. Applied Economics Letters, 1009.

[68] Easterly William. How much do distortions affect growth?[J]. Journal of Monetary Economics, 1993.

[69] Aitken Brian J, Harrison Ann E. Do Domestic Firms Benefit from Direct Foreign Investment? Evidence from Venezuela[J]. The American Economic Review, 1999.

[70] Carkovic Maria, Levine Ross. Does Foreign Direct Investment Accelerate Economic Growth?[R]. www.worldbank.org, 2002.

[71] Buckley Peter J, Clegg Jeremy, et al. Regional differences and economic growth: panel data and evidence from China[R]. United Nations Conference on Trade and Development Division on Investment, Technology and Enterprise Development, 2002.

[72] Madariaga N, Poncet S. FDI impact on growth: spatial evidence from China[R]. CEPII and CES,

2005.

[73] Madariaga N, Poncet S. FDI in China: spillovers and impact on growth[R]. CEPII and CES, 2006.

[74] Madariaga N, Poncet S. FDI in Chinese cities: spillovers and impact on growth[R]. CEPII and CES, 2007.

[75] 汤文仙.韩福荣.三缺口模型:对双缺口模型的修正[J].当代经济科学,2000.

[76] Liu Zhiqiang. Foreign Direct Investment and Technology Spillover: Evidence from China[J]. Journal of Comparative Economics, 2002.

[77] 魏后凯.外商直接投资对中国区域经济增长的影响[J].经济研究,2002(4).

[78] 王志鹏,李子奈.外商直接投资、外溢效应与内生经济增长[J].世界经济文汇,2004.

[79] Mundell Robert A. International Trade and Factor Mobility[J]. The American Economic Review, 1957.

[80] Markuson James R, Melvin James R. Factor movements and commodity trade as complements[J]. Journal of International Economics, 1983.

[81] Kojima K, Direct Foreign Investment: A Japanese Model of Multinational Operations[M]. Croom Helm, 1978.

[82] 小岛清.对外贸易论[M].天津:南开大学出版社,1987.

[83] Neary J Peter. Factor Mobility and International Trade[J]. The Canadian Journal of Economics, 1995.

[84] 王济川,等.多层统计分析模型—方法与应用[M].北京:高等教育出版社,2008.

[85] Raudenbush Stephen W, Bryk Anthony S. 分层线性模型:应用与数据分析方法(第2版)[M]. 郭志刚,译.北京:社会科学文献出版社,2007.

[86] 张雷,等. 多层线性模型应用(第2版)[M]. 北京:教育科学出版社,2005.

[87] Cheng Hsiao.面板数据分析(第2版)[M]. 北京:北京大学出版社,2005.

[88] Diggie Peter J, Heagerty Patrick J, et al. Analysis of Longitudinal Data(Second Edition)[M]. Oxford University Press,2002.

[89] Verbeke Geert, Molenberghs Geert. Linear Mixed Models for Longitunal Data[M]. Springer, 1999.

[90] 白仲林.面板数据的计量经济分析[M]. 天津:南开大学出版社,2008.

[91] Braun Henry I, Jones Douglas H, Rubin Donald B, etal. Empirical Bayes estimation of coefficients in the general linear model from data of deficient rank[J]. Psychometrika 1983:171−181.

[92] Mason William M, Wong George Y, Entwisle Barbara. Contextual analysis through the multilevel linear model[J]. Sociological Methodology,(1983—1984),14:72−103.

后 记

本书是在我的博士学位论文的基础上修改完成的，转眼之间已经博士毕业4年了，蓦然回首，在中国人民大学的一幕幕场景，犹如发生在昨天一样历历在目，心潮澎湃、感触良多。

本书能够顺利出版，首先要向导师何晓群教授表示由衷的感谢和诚挚的谢意。从博士论文的选题、开题和论文的写作整个过程中，何老师一直耐心指导，为我指明了方向，论文得以顺利完成倾注了何老师许多的心血，并为本书作序和推荐。何老师不但教给我做事的方法，更重要的是教给我为人处世的道理和对事情认真负责的态度，于小事处见精神。何老师具有广阔的胸襟，他淡泊名利的处事风格对我产生了深远的影响，在此向何老师表示诚挚的谢意！

在论文开题的过程中，高敏雪教授和彭非教授的宝贵意见对我的论文写作提供了莫大的帮助。特别感谢赵彦云教授和高敏雪教授在论文框架搭建过程中的悉心指导，赵彦云教授更是为我提供了非常宝贵的数据资料，在此向三位教授表示诚挚的感谢！感谢人民大学统计学院这块沃土的培养，感谢吴喜之教授、赵彦云教授、易丹辉教授、高敏雪教授、彭非教授、金勇进教授、孟生旺教授、张波教授、王晓军教授、田茂再教授、吕晓玲副教授、许王莉副教授、金阳副教授和李静萍副教授等老师在课程学习方面提供了莫大的帮助。

感谢各位匿名评阅老师的评阅，感谢国务院发展研究中心的何玉兴研究员、中国社会科学院数量经济与技术经济研究所的李群教授、中国社会科学院世界经济与政治研究所刘仕国研究员、中国人民大学经济学院赵国庆教授、中国人民大学统计学院高敏雪教授和中国人民大学统计学院彭非教授等各位答辩老师的悉心指导。

感谢2008级统计博士班的同学们，大家一起度过了三年的美好时光，三年的时间是如此的开心而充实，这美好的记忆将永远留在我的心底。感谢师门的师兄、师姐、师弟、师妹，非常怀念大家在一起的时光。深深感谢我的家人，他们是我前进的动力，感谢他们的大力支持和鼓励。感谢我的各位朋友，感谢大家的帮助和鼓励。

外交学院国际经济学院的各位领导和同仁为我提供了很多帮助，对此表示十分感谢！本书受中央高校基本科研业务费专项资金资助，在此一同表示感谢！

最后，衷心感谢知识产权出版社的陆彩云主任、徐家春编辑和其他同志为本书出版所做的大量工作。在此，向所有帮助和支持我的人表示真诚的谢意！

付韶军

2015年1月于北京